姆巴佩传

成 长

MBAPPÉ,

THE LITTLE PRINCE

[意] 卢卡·卡伊奥里
[法] 西里尔·科洛特 —— 著   何小毕 —— 译
                      葛 云

 华东师范大学出版社
· 上海 ·

图书在版编目(CIP)数据

姆巴佩传 : 成长/(意)卢卡·卡伊奥里，(法)西
里尔·科洛特著；何小毕，葛云译. —上海：华东师
范大学出版社，2020

ISBN 978 - 7 - 5760 - 0115 - 0

Ⅰ. ①姆⋯ Ⅱ. ①卢⋯ ②西⋯ ③何⋯ ④葛⋯ Ⅲ.
①姆巴佩-传记 Ⅳ. ①K835.655.47

中国版本图书馆 CIP 数据核字（2020）第 054139 号

上海市版权局著作权合作登记　图字：09-2019-928号

姆巴佩传：成长

著　　者　[意]卢卡·卡伊奥里　[法]西里尔·科洛特
译　　者　何小毕　葛云
责任编辑　乔　健
责任校对　王　琳　时东明
策　　划　北京金文掌阅文化传媒有限公司
装帧设计　Recns

出版发行　华东师范大学出版社
社　　址　上海市中山北路 3663 号　邮编　200062
网　　址　www.ecnupress.com.cn
电　　话　021 - 60821666　行政传真　021 - 62572105
客服电话　021 - 62865537
门市(邮购)电话　021 - 62869887
地　　址　上海市中山北路 3663 号华东师范大学校内先锋路口
网　　店　http://hdsdcbs.tmall.com

印 刷 者　嘉业印刷（天津）有限公司
开　　本　710×1000　1/16
印　　张　14
字　　数　124 千字
插　　页　32
版　　次　2021 年 6 月第 1 版
印　　次　2021 年 6 月第 1 次
书　　号　ISBN 978 - 7 - 5760 - 0115 - 0
定　　价　65.00 元

出 版 人　王　焰

（如发现本版图书有印订质量问题,请寄回本社客服中心调换或电话 021 - 62865537 联系）

2018年7月15日，2018年俄罗斯世界杯决赛，法国以4∶2战胜克罗地亚，夺得冠军。图为法国队前锋姆巴佩在雨中亲吻大力神杯

2016年2月20日，摩纳哥坐镇主场迎接特鲁瓦的挑战，比赛第73分钟，姆巴佩替补出场。伤停补时第3分钟，姆巴佩打入个人职业赛场首球，以17岁零2个月的年龄成为摩纳哥俱乐部历史上在职业比赛中最年轻的破门球员

2016年7月24日，德国辛斯海姆，U19欧青赛决赛，法国以4:0战胜意大利，以U19欧青赛决赛史上最大的比分夺冠

2016年10月21日，2016-17赛季法甲第10轮，摩纳哥主场迎来蒙彼利埃，姆巴佩独造四球，出尽风头，最终助球队以6:2大胜对手

2017年2月21日，2016–17赛季欧冠八分之一决赛首回合，摩纳哥迎战曼城，姆巴佩在欧冠中首发出场。第40分钟，摩纳哥获得任意球机会，队友从中线附近把球开向曼城禁区，姆巴佩心领神会，快速前插后不停球一脚爆射，打破门将卡瓦列罗的十指关，成为第二年轻的在欧冠中进球的法国球员

2017年3月15日，2016–17赛季欧冠八分之一决赛次回合，摩纳哥以3：1战胜曼城。第7分钟，姆巴佩小禁区内接贝尔纳多·席尔瓦低平传中垫射破门，让主队收获完美开局

2017年4月12日，欧冠四分之一决赛首回合，摩纳哥客场挑战多特蒙德，姆巴佩与好友登贝莱重逢，也见识了伊杜纳信号公园球场著名的"黄色长城"

姆巴佩打进第二球后在草坪上滑跪庆祝，并首次亮出那个日后会被世人所熟知的标志性动作——自信满满地抬头，双手交叉抱胸

2017年5月9日，2016–17赛季欧冠半决赛次回合，摩纳哥以1∶2负于尤文图斯，姆巴佩显得有些失落，但他得到老兵布冯的拥抱和安慰

2017年5月15日，姆巴佩无可争议地被评为2016–17赛季法甲21岁以下最佳球员并入选最佳阵容

2017年5月17日，法甲第31轮补赛摩纳哥以2：0战胜圣埃蒂安，摩纳哥时隔17年再夺冠。接近晚上11点时，终场哨声响起，欢乐的场景被载入了史册

2017年9月6日，基利安·姆巴佩在巴黎加冕。在王子公园球场的礼堂里，俱乐部主席纳赛尔·阿尔赫莱菲正式揭开了新援的面纱

2017年9月6日，姆巴佩在王子公园球场展示大巴黎的29号球衣，与家人合照

2017年9月8日，赛季的第4场联赛，晚上8点45分在梅斯与巴黎圣日耳曼之间展开。大巴黎的球员们赛前合影

三管齐下的攻击怎么称谓？你会如何描述这三项奇观？ 巴黎圣日耳曼新的攻击组合的正确名称是什么？有适合内马尔、卡瓦尼和姆巴佩的昵称吗？如何总结这种爆炸性攻击？

2017年9月30日，2017-18赛季法甲联赛第8轮，大巴黎以6：2战胜波尔多。姆巴佩举起双指提醒大家关注前摩纳哥队友门迪（门迪的曼城球衣号为22），后者几天前在对阵水晶宫的比赛中遭遇了严重的伤痛

2017年10月2日，法国，2018世预赛欧洲区A组前瞻，法国众将集结，姆巴佩比出"沙卡"手势

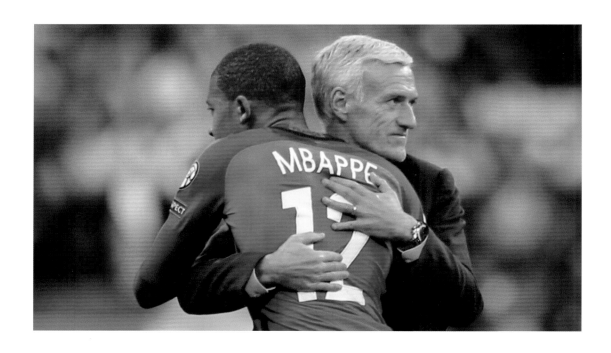

2017年10月10日，法国王子公园球场，2018世预赛欧洲区A组，法国以2：1战胜白俄罗斯，法国队教练德尚与姆巴佩相拥

2017年11月14日，德国，2017国际足球热身赛，德国以2：2平法国。德国队教练勒夫与姆巴佩交流

2018年2月14日，在马德里伯纳乌球场举行的欧冠八分之一决赛首回合，姆巴佩远远没有达到自己的最好状态，巴黎圣日耳曼以1∶3负于皇马

2018年3月31日，法国联赛杯决赛，大巴黎以3：0战胜摩纳哥，姆巴佩举起奖杯与队友庆祝，漫天金纸，纷纷扬扬

2017—18赛季最后时刻，姆巴佩帮助巴黎圣日耳曼赢得了首个国内三冠王：他迎来了自己的第一座法国联赛杯冠军奖杯，又与队友遥遥领先于摩纳哥和里昂，蝉联了法甲联赛冠军，最后以2∶0战胜法丙俱乐部莱塞比耶，捧起了法国杯

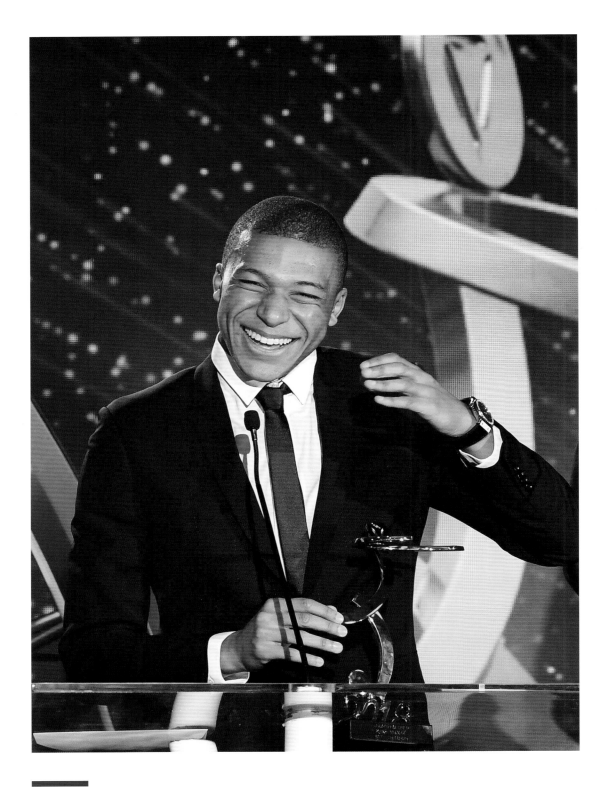

2018年5月13日，法国球员工会公布了本赛季法甲的各项最佳，姆巴佩蝉联2017—18赛季法甲21岁以下最佳球员并入选最佳阵容

随着他的声名鹊起，巴黎格雷万蜡像博物馆的大门也向他敞开。"能够来到这里我感到很自豪，我身边这些曾经的偶像、这些激励着社会进步的人，也激励着我，直到现在。"2018年5月18日姆巴佩为自己的蜡像揭幕时说

2018年6月16日，巴黎圣日耳曼前锋姆巴佩开启了世界杯之旅。他顶着喀山体育场的高温首发出场，球衣背后的数字是10号

2018年6月21日，俄罗斯叶卡捷琳堡中央体育场，世界杯小组赛C组第2轮，法国对阵秘鲁，姆巴佩蓄势待发奔向球场

2018年6月30日，俄罗斯世界杯八分之一决赛的首场比赛，在喀山竞技场展开角逐，法国对阵阿根廷

法国队4:3击败阿根廷队，成为第一支晋级8强的球队。打进两球并赢得一个点球之后，姆巴佩不仅被评选为这场比赛中的最佳球员，也成为了世界杯的标志性人物。梅西的世界杯落幕了，姆巴佩全面崛起

2018年7月15日，俄罗斯莫斯科，2018年世界杯迎来万众瞩目的决赛，高卢雄鸡法国对阵格子军团克罗地亚

比赛第64分钟，姆巴佩低射破门，最终帮助法国以4：2的比分战胜克罗地亚，获得2018年世界杯冠军。姆巴佩双手交叉抱胸，自信满满地站在绿茵场上，他的标志性庆祝姿势成为经典一幕。姆巴佩成为贝利之后在世界杯决赛中打入进球的最年轻球员

2018年俄罗斯世界杯，法国队捧杯时刻

2018年7月15日，俄罗斯莫斯科世界杯决赛颁奖典礼，姆巴佩捧起大力神杯庆祝

2018年9月13日，法国，大巴黎与Air Jordan联名系列产品发布会召开

2018年9月24日，英国伦敦，2018国际足联（FIFA）颁奖典礼，众星亮相红毯。姆巴佩给球迷签名

2018年10月12日，博格巴（左一）、姆巴佩（左二）、登贝莱（右二）、格列兹曼畅游迪士尼

2018年11月24日，法国，2018-19赛季法甲第14轮，巴黎圣日耳曼以1：0战胜图卢兹，内马尔与姆巴佩在观众席看球

2018年12月3日，法国巴黎，金球奖颁奖典礼，姆巴佩荣膺首届科帕奖，手握奖杯向观众致意

2019年2月21日，法国巴黎，法国总统马克龙会见利比里亚总统、前世界足球先生乔治·维阿，姆巴佩受邀出席

若你剑指星辰，即便错过了群星，也可落在云端。

推荐序

* * *

传奇就在身边，一分一秒地行进着

文／张佳玮

2018 年 3 月，从巴黎到波尔多，我到处听见他的名字。

此前的 2017 年夏天，这个 18 岁半的少年以 1.8 亿欧元的身价成为当时世界身价第二的球员，来到巴黎圣日耳曼——他只在摩纳哥踢过一年法国足球甲级联赛而已。

在巴黎西郊，巴黎圣日耳曼的训练基地，助教卡马拉先生对我说：

"我们要耐心点；姆巴佩还年轻，我们会一点点加强他的战术地位；他还在适应城市，他还在学习如何与全队搭配，这是他第一年来巴黎；按照计划，他会成长得很稳健的。"

在凯旋门旁的法国足球甲级联赛总部，我问法甲总裁先生："法国历史上的巨星，最后都会效力于别处：普拉蒂尼为尤文图斯而战，坎通纳去曼联，齐达内的巅峰在马德里度过，亨利是阿森纳之王；现在格里兹曼和博格巴也都在国外；下一个法国之王会是谁呢？"

总裁先生答："姆巴佩。巴黎圣日耳曼现在的旗帜是内马尔，但姆巴佩，嗯……所以，留下他，很重要。"

在波尔多大西洋球场，我问 1998 年法国世界杯的夺冠功臣德约卡夫："您作为法国历史巨星以及国际米兰的名将，曾经与齐达内，与罗纳尔多这样的传奇球员共事；现在的法国，您看得出哪个球员，有机会成长为类似级别的巨星吗？"

德约卡夫说："姆巴佩。他拥有一切资质。将他留在法国，很重要。"

2018 年 3 月 31 日，波尔多，联赛杯决赛，巴黎圣日耳曼 vs 摩纳哥。巴黎有联赛头号射手 24 球的卡瓦尼，摩纳哥有联赛第三射手 17 球的法尔考。但大家都在讨论姆巴佩：因为周中热身赛，姆巴佩身穿法国 10 号进了 2 球。因为本季他已为巴黎各色比赛 36 场进了 19 球——包括联赛 13 球 8 助攻。

因为，他还有八个月才满 20 岁。

所谓天才是什么呢？你得亲眼看到姆巴佩踢球才明白。

姆巴佩拥有两条长腿——几乎是脖子以下都是腿，一旦突破，步幅巨大；但他重心又不高，步伐轻盈；他最喜欢的突破方式很奇怪：保持着重心，交叉步横抹走内线假动作，然后磕球变向，长腿忽然伸出，从对手身旁外侧呼啸而过——这一切顺滑柔韧又迅速，仿佛路飞伸出的橡胶腿。而当姆巴佩跑起来时，根本没人追得上。

这是他的有球能力。而他的无球能力，内马尔在时会更明显：内马尔送出一脚身后球，姆巴佩能够强行从对方身前启动，眨眼间弥补两个身位的差距接球。

最好玩的，是态度。

姆巴佩每次独自带球面对对方单人防守时，像一个自知其卓越天赋的少年，或者说，一个知道"我并不是人类"的怪兽。看着他从一个人类忽然变身金刚狼似的穿越对手时，有种二次元的感觉；与此同时，每次被对手揪倒或缠倒，他都很平静：他很少生气，大概是从小习惯了；他似乎已经接受了"我就是会被人针对性对待的，我就是这样拽"。

他的比赛数据、他的年龄、他肉眼可见的天赋之外，是他身上洋溢出来的天才。

四个月后，19 岁半的姆巴佩身穿法国国家队 10 号，拿到了世界杯冠军。对阿根廷他独中两球并靠一个奔袭制造了点球。在决赛他射进本届个人第四球——60 年前，球王贝利 18 岁代表巴西拿下世界杯冠军，姆巴佩拿下世界杯时，19 岁。

然后在 2018-19 赛季，成为巴黎圣日耳曼头号射手——以及法甲头号射手。在他刚满 20 岁的年纪。

每次看到超级巨星的苗子，我们的大脑都会自然开具一个时间表：

一年后，球队首发；两年后，球队王牌；三年后，联赛顶级；四年后，纵横世界……这肌肉应该三年后成型……这技巧经验应该五年后到达巅峰……他的上限是怎样？几年可以达到？哇，有时候恨不得他现在的技术再糙一点，以便保留更多的可操作余地、更高的上限呀……

但这个时间表并不总能兑现，实际上，大多数时候是根本不兑现。沿着"他会成为下一个×××"之路走着，指针走到了某一步，嘎达一声停住了，然后就没有然后了；然后你会在多年之后跟人谈论时说："哎呀我真的期望过他的，没想到啊没想到……"

而姆巴佩，暂时是一个：一步一步，完成自己传奇的少年。

世界总是贪婪地给他期待，只有偶尔回头想一想：他在没到 19 岁时，已经拿下了世界杯，已经成为巴黎首席射手。

要看他如何一步一步走来，才会觉得：传奇就在身边，一分一秒地行进着。

目录
CONTENTS

第一章　花城小巷

　　伊德里塞事先得知了我们的到访，为此做了精心的准备。他用蓝色钢笔写下了自己的一些想法，迫不及待地要把写好的文字念给我们听。但伊德里塞的祖母让孙子别着急，小家伙还得等会儿才能发言，因为他的祖父母正和我们这些访客边喝咖啡边聊天。他们家的客厅不算太宽敞，一台大大的电视机占去不少空间，一张桌子上放着伊德里塞的笔记本，他扭头看向那个本子，听着我们说话，不时还会插上几句嘴。一段时间过后，奶奶终于同意伊德里塞发表"演讲"，并告诉他：大声点，把每个字都读清楚。

　　伊德里塞读道："大家好，基利安·姆巴佩是最棒的，是邦迪的英雄，每个人都爱他。基利安非常棒，是所有足球少年的榜样。费扎·拉马里和维尔弗里德·姆巴佩把他们的孩子教得很好，埃唐也会成为像他哥哥基利安那样的人。"

　　伊德里塞 9 岁，已经上学，也参加 U10[①] 级别的足球训练。他用短短几句话，道出了邦迪人民的心声。在邦迪这座小城，从市政厅里的女市长西尔

---

　　① 译注："U"即 under 简称，U10 即 10 岁以下的意思。足球运动中常用字母"U"加阿拉伯数字来表示运动员的年龄段。

维娜，到几百米外莱奥·拉格朗日体育场上练球的孩子们，都以基利安·姆巴佩为荣。

伊德里塞是埃尔米勒和皮埃罗·里克勒的孙子，这对夫妇于上世纪 70 年代从法属马提尼克岛来到法国本土，住在邦迪市丁香巷 4 号一栋白色小楼的一楼。这栋建筑总共有 5 层，坐落于邦迪市中心一条安静的林荫道旁，在 20 世纪 50 年代曾是市政办公楼，由于小楼所在地附近的许多街道都以花命名，一些市民骄傲地把这片区域称作"花城"。1998 年秋，姆巴佩一家移居到了这个地方。时至今日，你若走进这栋小楼的楼梯口，仍会看到那儿的一个报箱上写着：二楼左，拉马里 – 姆巴佩家。

"他们就搬到了我们楼上，"埃尔米勒回忆道，"住进一套和我们同户型的公寓，56 个平方，带一间客厅，一个能看到莱奥·拉格朗日体育场的厨房，还有两间卧房。我记得，他们一家搬来几个月后，费扎就生下了基利安。"

费扎当时 24 岁，祖籍阿尔及利亚，在邦迪北城的特雷·圣布莱兹街区长大。她上过让·扎伊初中，还去家对面的一个体育馆参加各种运动。费扎在十二三岁时练过篮球，后来又改打手球，曾作为右边锋，代表邦迪俱乐部征战过法国女子手球甲级联赛。

"费扎从零开始，一步步往上练，在 90 年代末成为了邦迪最好的手球运动员。她很有魅力，是球队的领袖之一，非常有天赋，也非常强硬。"费扎的一位密友透露。

"费扎是球场上的斗士，但也很容易激动，很容易被激怒，不会给对手好脸色看。如果你在比赛中惹到了她，那你就等着吧，"邦迪俱乐部前高管让·路易·基蒙在接受《巴黎人报》采访时说，"但在场下，费扎是个非常好相处的人，直到现在都是如此。"

"费扎特别健谈，特爱和人开玩笑。我俩一起在莫里斯·珀蒂让街区和布朗基街区共事了三四年，我们在每周三或学校放假的时候去社区中心当教练。她正是在那个时候认识了维尔弗里德，维尔弗里德也是一名教练，跟他一起工作的还有他弟弟皮埃尔和阿兰·姆博马，阿兰就是2000年'非洲足球先生'帕特里克·姆博马的大哥。费扎和维尔弗里德都热爱运动，都喜欢逗乐，个性都很强，他们注定要坠入爱河。"维尔弗里德和费扎的一位朋友表示。

维尔弗里德30岁时和费扎一起搬到了丁香巷。他出生在喀麦隆最大的城市杜阿拉，来法国是为了谋求更好的生活。最初，维尔弗里德住在博比尼，之后来到邦迪北城，在这里踢了几年足球。

"维尔弗里德是个好球员，踢10号的，也是个喜欢控球的中场，"外号"范范"的邦迪俱乐部技术总监让-弗朗索瓦·叙纳尔称，"他本可以踢上职业足球的，他从我们俱乐部的各级梯队一路踢上来，接着代表隔壁家（博比尼俱乐部）踢了两年'荣誉联赛'①。退役后，维尔弗里德又回到了邦迪。我们给了他一份工作，他先后担任过教练和技术主管，全身心地投入到青训中。从1988-89赛季算起，我俩共事了近30年，也一起改变了这家俱乐部。2017年6月，他离开了这里。"

时间来到1998年12月20日。五个多月前的世界杯决赛，"外星人"罗纳尔多身体抱恙，状态欠佳，齐达内两度头槌破门，佩蒂特锦上添花，法国队干净利落地以3：0击败了巴西队，捧起大力神杯。那一晚的比赛剧情，那一晚的举国狂欢，一幕一幕依旧清晰。

---

① 译注：荣誉联赛是法国国内低级别的业余足球赛事。

150 万人一起痛饮，一起庆祝，一起在香榭丽舍大街上高唱胜利歌曲，一起高喊"黑人，白人，阿拉伯人，联合起来"，"齐达内，当总统"，这次夺冠是法国体育史上最伟大的成就之一，这些场面，你怎会轻易忘记？

巧合的是，在这个属于足球的年份里，费扎和维尔弗里德也得到一份最完美的圣诞礼物——他们的第一个孩子。这个出生在 12 月 20 日的婴儿得名基利安·桑米·姆巴佩·洛坦。"桑米（Sanmi）"是非洲约鲁巴语单词"阿德桑米（Adesanmi）"的缩写，意为"我的皇冠"。"姆巴佩"这个姓氏则会引起无限的遐想：莫非，基利安是上世纪五六十年代喀麦隆中场、绰号"元帅"的萨米埃尔·姆巴佩·莱佩的孙子？另外，这小子会不会是杜阿拉音乐人艾蒂安·姆巴佩的亲戚？事实上，基利安·姆巴佩跟这两位名宿没有任何关系，正如皮埃尔·姆巴佩所说，"姆巴佩"这个姓氏在喀麦隆，就和"杜邦"在法国、"马丁"在英国一样常见。

皮埃尔是基利安·姆巴佩的叔叔，曾在东方足球俱乐部受训，之后效力过勒瓦卢瓦、维勒蒙布勒和伊夫里等俱乐部。

他赶到医院见自己的侄子，并带了一个迷你足球作见面礼。皮埃尔跟哥哥嫂嫂开玩笑道："等着瞧吧，有一天，这孩子会成为一个伟大的球员！"

几天后，姆巴佩母子出院了。费扎去往博比尼市政厅，重新开始工作。维尔弗里德则来到家对面的莱奥·拉格朗日体育场，带他的队员们进行足球训练。在所有弟子中，有一个孩子最受维尔弗里德关注，这孩子 11 岁，5 年前从扎伊尔（现民主刚果）城市金沙萨来到邦迪。扎伊尔国内形势紧张，因此这孩子的父母决定把他送往法国，让他有机会接受教育，以便将来谋个好出路。这个孩子名叫吉雷斯·肯博·埃科科，是绰号"进球先生"的让·肯博之子。1968 和 1974 年，球员让·肯博曾随扎伊尔队两获非洲国家杯冠军，1973年，他在对阵摩洛哥的比赛中梅开二度，帮助扎伊尔队成为撒哈拉以南非洲地区首支打进世界杯的球队。让·肯博非常仰慕前法国中场球员阿兰·吉雷瑟，并给儿子起名"吉雷斯"，以致敬偶像。小埃科科被送到法国，和一位叔叔、姐姐一起生活，1998年，他在邦迪完成了职业生涯的首次球员注册，维尔弗里德是埃科科的启蒙教练，之后也成为他的法定监护人和"父亲"。

"我们的关系很难讲清楚，我们就这样相遇，就像命中注定。"埃科科在几年后解释道。维尔弗里德夫妇把埃科科带回家，但并没有收养他。不过，埃科科后来一直叫他们"爸爸"、"妈妈"，因为维尔弗里德和费扎给了他关爱，帮他渡过社交难关，帮他认清未来要走踢职业足球这条路。埃科科在丁香巷住下来，成为小基利安的哥哥、榜样、偶像和第一个足球英雄。邻居们记得，埃科科会从克莱枫丹的法国国家足球学院回到邦迪，来姆巴佩家里过周末，而维尔弗里德和费扎也会带埃科科去参加一些重要的比赛。

"他们是很亲密的一家人，很实在的好人。"皮埃罗表示。

"维尔弗里德工作忙，我们和他见面不多，但我们经常会在楼道里和商店里遇到费扎。我们看着基利安长大的。从他会走路起，基利安就在楼上踢着球满屋子跑，我两个女儿就住他楼下那间房。一到周日早上，这小子就在楼上踢得天翻地覆，"埃尔米勒笑道，"每当我遇到费扎，她就会不停地道歉。我告诉费扎'没关系'，总不能把孩子捆起来吧！那个时候，我就知道，基利安脑子里只有足球。"

埃尔米勒笑着回忆起另一件往事：一年圣诞节前夕，她送给基利安·姆巴佩一面非洲手鼓。"他对这件新玩具爱不释手，玩了好久都不腻。但不踢球和不敲鼓时，基利安是个非常可爱、非常有礼貌的孩子，只要碰到我就会

说'你好'、'晚安'。我们没能见证基利安成长为一名球员，因为如果我没记错的话，2006 年，费扎和维尔弗里德有了埃唐。这孩子出生几年后，他们一家搬去城南的一个社区，在莱斯科克蒂斯车站那方向，离丁香这儿有一两站路。2017 年 5 月，基利安（随摩纳哥队）拿到了法甲冠军，回到邦迪的体育场庆功，我们又见到了他。邦迪俱乐部所有的孩子都去了现场，还打出标语：'谢谢你，基利安，全邦迪都支持你！'那场面太温馨了。基利安给孩子们发衣服，伊德里塞甚至还跟他合了影。"

"还好费扎看到了我们，并且大喊：'等一下，等一下，那是我的邻居！'这样，我才挤到前面，和基利安拍了照，照片现在由我妈妈保管。"小伊德里塞补充道。

"我们和楼里的其他三户人家，和同住一楼的邻居达尼埃尔、克洛迪娜·德拉梅一起，专门给基利安写了一封信。"

埃尔米勒从桌子前起身，走到客厅一角，拉开一个抽屉，在一堆信纸中翻了片刻，随后说："找到了，在这！"那封信的内容如下——

亲爱的基利安：

希望我们冒昧的来信没有打扰到你。我们依然记得你——那个 10 岁大的乖乖仔，那时，我们常常会在丁香巷 4 号的楼道里遇见你。现在，你已经是一个闪耀赛场的超级球星，我们为你取得的成就感到开心。我们经常说起你和你的爸爸妈妈，你们是大家的骄傲，你的爸爸妈妈培养出了一个好孩子。基利安，每当你系紧鞋带、踏上赛场时，请不要忘记，你的老邻居们是你最忠实的球迷！

祝你前程远大！

第二章　邦迪小子

当你驾车沿着 A3 高速公路驶向巴黎时，你迎面一定会看到它。它在八层高的波塔热公寓外墙上占据了半幅墙面，背景是蓬勃的树叶、足球和绿色涂鸦元素，中央站着基利安·姆巴佩，身着巴黎圣日耳曼队服，比出沙卡手势①，头顶还有一句标语："邦迪，这里一切皆有可能。"巨大壁画上的姆巴佩俯瞰着加列尼将军大道，注视着高速公路上川流不息的车龙，凝望着不远处门庭若市的康福拉玛家居和达尔蒂电器，陪伴着大大小小的孩子们穿过街道走进让－勒努瓦初中和玛德莱娜－维奥内高中。对姆巴佩来说，这幅画是一份巨大的荣誉，这种荣誉通常只属于那些城市英雄，比如齐达内——1998年世界杯过后，他的肖像出现在马赛的保罗·里卡尔广场，静静地眺望地中海；比如马拉多纳——在那不勒斯市圣乔瓦尼－阿泰杜乔的一栋建筑上，街头艺术家乔里特·阿古奇挥毫泼墨，球王的身影便永远地与这座城市为伴；比如穆萨·西索科——在欧奈曾经的地标加列翁商业中心正面，一张巨大的人物海报彰显了家乡父老对热刺中场的爱。

① 译注：沙卡手势（shaka），一个源于夏威夷互相打招呼示好的手势，做法就是把手的小指和大拇指伸出，其余的手指收起来。沙卡手势可以表达"你好"、"再见"、"祝你好运"等意思。

这块画着巴黎圣日尔曼队 29 号成员肖像的壁板是耐克投放的，这家美国品牌自姆巴佩 13 岁起就开始赞助他，2017 年 9 月 6 日，一个由耐克出资的社区运动中心在邦迪的巴斯德公园建成投用。曾经，小姆巴佩就是在这个公园里第一次带球过人，第一次破门得分。一块壁画、一个体育中心，这是姆巴佩一家送给故乡邦迪的两件礼物。

邦迪在行政区划上属于法兰西岛大区的塞纳－圣但尼省（93 区），地处巴黎东北面的郊区，离市中心的庞坦门地铁站约九公里。邦迪是塞纳－圣但尼省第 9 大的市镇，汇集了来自世界各地的移民，不算乌尔克运河流域，常住人口约 54000。

根据目前的考古发现，"邦迪"一词最早出现在一份遗嘱上，该遗嘱大约写于公元 590 年到 630 年间，立嘱人叫雅尔芒特吕德，是一位富有的寡妇。她虔诚地将一辆牛车、一堆衣服和其他一些物品捐赠给一座教堂，该教堂门前有一个十字路口，古罗马遗留下来的孔普瓦塞大街和连接卢泰西亚与莫城的道路在此交汇。关于"邦迪"这个名字的起源，民间流传着两种说法：一些人认为，"邦迪（bondy）"脱胎于高卢语单词"山丘（bon）"；另一些人则相信，古罗马时期，这片郁郁葱葱的山丘曾属于一位名叫邦利乌斯（Bonitius）[①] 的领主，如今的"邦迪"就是从"邦利乌斯"演变而来。随着时间长河的流淌，巴黎东郊的这片林地几经易名（Boniaticus，Boniasensis，Bonisiacus〔8 世纪〕，Boniaticus，Bulzeia，Bonzeia〔12 世纪〕，Bondis），17 世纪后，这里终于和"邦迪"结下不解之缘。从 17 世纪到 18 世纪，邦迪森林（Bois de Bondy）曾是深受土匪青睐的藏身地。1791 年 6

---

① 译注：Bonitius 是拉丁语单词，意为邦利（Bonit）之子。

月 21 日晚八九点钟左右，邮差皮埃尔－奥古斯丁·弗雷曼在邦迪的一间邮局，认出了化装成仆从出逃的路易十六，几天后，这位国王在瓦雷纳－昂纳戈讷被抓获。如今，当年那繁茂的森林早已不见踪影，只有小城的北边还剩下一点点绿地，但邦迪的箴言"大树底下好乘凉"和市徽上的树影，仍在提醒人们这儿曾是一个绿树成荫的地方。

18 世纪末，邦迪只有三四百个居民，均以务农为生。1821 年，为巴黎引水的乌尔克运河开凿完毕，自那之后，邦迪迎来一波工业发展和城市扩张的浪潮，开始有了一座座的钢铁厂与水泥厂。据称，这些工厂之所以落户邦迪，不仅仅是因为这里有土地和水源可供使用，更是因为法国常年盛行西风，邦迪位于巴黎的下风向，在此建厂，风会把烟尘和废气远远带走，让首都人民娇贵的鼻孔免受其害。19 世纪 70 年代前后，巴黎到斯特拉斯堡的铁路建成通车，一大批来自阿尔萨斯－洛林地区的铁道建设者在邦迪车站附近定居。20 世纪初，邦迪南城也有了居民区，极具巴黎特色的庄园和石屋如雨后春笋般出现，城北依然有农民们在种植蔬菜，但因为 20 世纪的到来，这座小城已悄然改变了模样。汽车工业在这里蓬勃发展，工人们纷纷搬到工厂附近居住，邦迪也和塞纳－圣但尼省的其他市镇一样，成为产业工人的聚集地。

邦迪带有浓厚的工人阶级色彩，1919 年至今，这里的行政权从未交到右翼党派手中，邦迪市长基本都是法国社会党人士，西尔维娜也不例外。她在很小的时候来到塞纳－圣但尼，长大后在让·韦迪耶医院的妇产科当过助产士，后来主导过教育政策制定和城市翻新工作。2011 年 10 月，前市长吉尔贝－罗歇当选议员，西尔维娜接任邦迪市长一职，并在就职讲话中谈到了这座小城的过去、现在和未来：

"从 20 世纪 50 年代到 60 年代，来自阿尔及利亚的海归，来自北非、

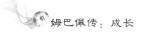

撒哈拉以南非洲和葡萄牙的移民，纷纷涌入邦迪，为应对住房危机，我们拆掉了棚户区，在城北建起崭新的社区和庞大的住宅区。1954 年，邦迪的人口是 22411；1968 年，我们的人口数达到了 51653。这是邦迪的第一次移民潮。

　　"在 1980 到 1990 年之间，我们迎来了第二次移民潮，新移民主要来自撒哈拉沙漠以南的国家，如：扎伊尔、喀麦隆、刚果和安哥拉。曾经，我们的居民区让无数家庭住进卫生条件有保障的房子，喝上了饮用水，用上了电，简而言之，让数万人享受到了现代生活的便利；邦迪居者有其屋，工人阶级和中产阶级幸福地生活在一起；社区之内，邻里之间，建起了强有力的纽带，那是一段黄金时代。

　　"从 20 世纪 70 到 80 年代，随着失业率逐年飙升，美好的日子结束了，越来越多走投无路的失业者来到邦迪居住。我们的房子本来是设计使用 30 年，如今，它们已服役了 60 多年，我们的城市看起来太老太老了。我们要解决这个问题，但我们不建新房子，2006 年，我们启动了城市更新计划，现在，这个计划进入了第二阶段。"

　　只要沿着朱尔·盖德大街走到一战胜利日广场，你就会发现，邦迪是一座正处在翻新中的小城。广场旁就是邦迪市政厅，这是一栋半苏联式、半实用主义风格的建筑，市政厅的对面曾是一片巨大的居民区，范围直抵远处的3 号国家高速。如今，市政厅周边的景观变得赏心悦目多了，所有的房子都装饰一新，涂上了白色、原木色等不同的色彩，最高不超过五层，一楼都是新开的商铺。这是城市更新计划的成果之一，这项计划改变了邦迪，改变了这里的服务业、绿化、基础设施和住房政策。计划的实施不局限于市中心，而是扩展到了五个社区，包括最乱的北城区。

西尔维娜表示："我们要让城市变个样子，打造一个新邦迪，一个开放的地方，一个人人都想来居住的地方。"

城市更新计划不仅仅是面子工程，它还考虑了如何构建新的经济模式，推动工业体系改革。

西尔维娜认为："随着石油行业危机的爆发，我们看到了社会去工业化的进程，许多工厂搬去外地和国外。现在，塞纳－圣但尼省正致力于吸引非工业企业来投资。但这个过程会有很多困难，而且我们的国家也做了决策，把资源和政策倾向巴黎及其西部地区。

"但我们不会悲观，我们已经在撸起袖子开始干了，2011年，我们有了第一个企业孵化器——'创新邦迪'，如今，'创新邦迪'支持和帮助了40名创业者，帮他们在生命科学、生物技术还有数码技术等行业打开局面，助力他们在环境、社会经济、南北关系及非洲国家合作发展等问题的解决上做出贡献。

"我们要打造一个团结有力的邦迪，融入大巴黎都市圈的发展。"

西尔维娜关于邦迪的话或许都是有道理的，那么，她如何看待姆巴佩和这座小城的关系呢？

西尔维娜说："很久以前，在姆巴佩还没成名时，我们就喊出了'在邦迪，一切皆有可能'。这句口号不是从体育领域来的，而是从教育和文化领域来的。教育和文化正逐渐成为邦迪的基因之一。

"首先，我要提到法国电台唱诗班学校。这家学校1946年在巴黎成立，2005年的骚乱过后，他们是少数几个考虑为巴黎郊区解决教育问题的机构之一。11年前，他们把第二总部设在了邦迪，想让这里的孩子有机会接触音乐，学习音乐，往更高的层次发展。同一年（2005年），我们开通了邦迪博

客，记录有关法国社会多样性的故事。2009 年，里尔新闻学院在邦迪开设了分校，造福了那些家境一般、去不了重点大学进修新闻专业的孩子。我们举办了'哲学茶话会'和'路世德公开课'，1900 多人注册了学员。曾经，谁能想象得到，一个像邦迪这样的工人阶级社区，会有如此多的人对数学、艺术史、音乐史和天文学产生兴趣。这 1900 多名学员不是为了毕业证，而是带着求知的欲望来上课，这让人非常欣慰。

"还有一件事情也值得我们骄傲。邦迪的高中毕业率达到了 87%，如参考相关的统计数据进行测算，我们这里的高中毕业率本不会高于 73%。数字只是一方面，十到十五年前，邦迪的孩子们在高中毕业后，大多会选择读高等职业学校，他们在审视自身条件后，会认为自己没法去大学深造。但现在，由于有了老师们的帮助和建议，有了巴黎政治学院和巴黎第六大学等院校的招生政策倾斜，我们的孩子也有了信心，相信自己可以和其他地方的孩子，和巴黎那些名牌中学的孩子一样，去大学继续学业。"

那么，姆巴佩的横空出世是否说明邦迪走了一条正确的路？西尔维娜对此表示了肯定："姆巴佩是邦迪的骄傲。我们为首都巴黎和法国培养了一位如此才华横溢的年轻人，他让许多像我这样的橄榄球迷也喜欢上了足球，我们很自豪！他没有忘本，他是邦迪的孩子，是这里的代言人，他证明了邦迪是一个一切皆有可能的地方。"

"姆巴佩是一个杰出的代表，"拉格朗日体育场的设备管理员奥斯瓦尔德·比纳宗认为，"但我们还有很多优秀运动员，他们在手球、橄榄球、击剑、柔道和足球等项目中打出了成绩。我们还有篮球队伍，比如邦迪俱乐部的男篮，1998 年，邦迪男篮拿到法丙联赛的冠军。同一年，邦迪女子手球队也升入了甲级联赛。邦迪是一个体育之城，这一定程度上要归功于政府鼓励年轻人参加体育运动，老市长克洛德·菲齐耶在 1978 年创建了邦迪体育俱乐部，如今，这个俱乐部有 26 条队规，有 3700 名会员。邦迪俱乐部走进学校，推动校园体育发展。学校里都建了手球场和篮球场，城里还有 1 个网球中心、2 个泳池、5 个体育馆和 5 个综合运动中心，包括耐克建在巴斯德公园的那个。你若问邦迪的体育中心是哪里，那答案就是这儿，莱奥·拉格朗日体育场。"

第三章　天才少年

　　那天，我们到莱奥·拉格朗日体育场时是下午 6 点，餐吧里，所有的松饼都已卖完。每个训练日或比赛日，厨娘卡里玛都会制作上百个松饼，我们到访的这天也不例外。这些松饼被一抢而光，意犹未尽的小球员们快快地走向训练场，两手空空，嘴角也没有留下巧克力酱。餐吧柜台里只剩下饮料和糖果；餐吧旁，阿斯迈奈·艾鲁舍一边微笑，一边抿着一杯由卡里玛冲泡的咖啡。小球员们纷纷向他问好，艾鲁舍则和他们握手致意。接着，他走进了球场更衣室，去检查 U11 梯队教练的工作。

　　2017 年 6 月，艾鲁舍成为邦迪俱乐部的主席，更早之前，他在这里的 U19 梯队当过球员和教练，那时候，用艾鲁舍自己的话说，他正处在"叛逆的年纪"。"我们有 800 多名球员，年龄段覆盖 U7 到成年队，这其中又有 140 名女孩，这个数据是上赛季的两倍左右。这是'姆巴佩效应'吗？"主席先生打开了话匣子，他背后的墙壁上，有被喷绘成绿色涂鸦的"AS 邦迪"和"足球"等字样。

　　艾鲁舍接着说：

　　"是的，我认为这就是姆巴佩效应。颇为遗憾的是，我们还拒收了不少男孩，因为我们的设施和能力确实有限，容不下那么多孩子。我们这儿只有

两块足球场，一块是人工草皮的，另一款是真草的，另外还有一个室内五人制球场，罗贝尔－加齐体育场则在城里的另一边。我们是一个培训基地，我们知道如何指导孩子和年轻球员，这就是我们的任务，我们从未考虑过做其他事情。但需要指出的是，截至目前，已经有30多个男孩从我们这里走出去，最终踢上了职业足球。上个赛季，4个曾在邦迪俱乐部受训的孩子，出现在了巴黎圣日耳曼、波尔多和摩纳哥队中。

"我们是一个像家一样的俱乐部，承担着社会责任。我们不会根据球技来选择球员，我们把孩子带进俱乐部，是为了让他们参加体育运动，并从中找到快乐。无论是南城还是北城的孩子，无论中产家庭还是工人家庭的孩子，我们一视同仁。在我们看来，从孩子们走进俱乐部大门的那天起，他们都是球场上的希望之星。我们也会关注小球员的学习，和他们的老师、家族保持联系。我们希望向孩子传递正确的价值观，告诉他们要接受教育，尊重他人，遵守规则，认真做事。我们坚信，学习才是最重要的事情，并非每个人都能成为大球星。遗憾的是，仍有一些家长给孩子施加了不必要的压力。

"这些家长痴迷于让孩子走职业足球这条路。就在前些天，我还和一个球员的父亲长谈了一番，谈话结束时，我问他：'如果您儿子以后成为了一名优秀的律师，您会不高兴吗？'"

我们问艾鲁舍怎么看姆巴佩，他回答：

"我们经常谈起他，对一家像我们这样规模的俱乐部来说，可能每隔三四十年，才能出一名有姆巴佩这种水准的球员。我们让孩子们以他为榜样，学习他在场上场下的态度。邦迪俱乐部的每个人都以姆巴佩为荣。原因？因为他打小就在我们这儿，并且在这里呆了九年。"

卡里玛过来打断了主席先生，说有人在找他。艾鲁舍离开了一小会儿，很快又回来，继续聊起姆巴佩。

"他就住在这附近，"艾鲁舍抬手指向体育场墙外丁香巷旁的一排白色房子，"那就是他上过的幼儿园，他每天都来俱乐部，一般是跟他爸爸一起来，维尔弗里德是 U11 到 U17 梯队的技术主管。姆巴佩那时应该只有三四岁的样子，他是我们的小吉祥物。你会在更衣室里看到他，抱着一个球，静静地坐在角落里，听着教练给球员们赛前训话。我想，这样的机会不是谁都能有的，有几个孩子能像他那样听到那么多的技战术讲解、讨论和赛前鼓动？而姆巴佩一直都像一块海绵，学东西非常快，他在很小的时候就已经理解了一些足球理念，而别的孩子要数年后才能掌握这些东西。"

小姆巴佩三四岁时，就会缠着他爸爸，要求加入邦迪俱乐部，他想和那些大孩子一起踢球。但维尔弗里德认为时机还不成熟，也担心自己作为姆巴佩的父亲，不太适合当他的教练。每天上午，姆巴佩都会被妈妈费扎带到巴斯德幼儿园，他只好在幼儿园附近的一块小场上和同龄的孩子们过过脚瘾。但有时候，姆巴佩也会去到邦迪俱乐部的训练场，在那儿的大人面前一展身手。

让-弗朗索瓦·叙纳尔正好也来到球场看球员们训练，他告诉我们："我那时负责训练守门员，因为我自己曾经也踢过这个位置，维尔弗里德负责带前锋。一天，我们把 U17、U19 和成年队的队友们都召集到一起训练。

"练到最后，我们聚在一个球门前练习射门，5 岁的姆巴佩也想上来试一试。他冲着我们喊：'我要踢！我要踢！'维尔弗里德回答道：'够了，基利安，你踢不了。'随后，我和他爸爸说：'让他踢吧，维尔。'姆巴佩便走过来了，他才 5 岁！但他特别大力地射了一脚，我们在场的人都笑了！他的动作是有点慢，但他射得相当不错，他射门的动作非常非常好。我们队里的门将们都很吃惊，他们问：'这个小娃娃是谁啊？'我的心里只有一个想法：'哇哦！哇哦！'"

姆巴佩长到 6 岁后，正式加入邦迪俱乐部，这个阶段，所有看过他踢球的人，都会在心中默念"哇哦"！维尔弗里德最终还是成为了儿子的启蒙教练，艾鲁舍认为："维尔慷慨、勤勉、无私，费扎也和他一样。我认为，他俩是天生的一对，是不可能分开的。他们对自己的孩子有多好，对俱乐部里的其他孩子就有多好，一视同仁。举个例子，费扎常常对我说：'我买房子时，一定会要一块大点的球场，这样，俱乐部的那些小家伙就能来我家踢球了。'现在，他们搬去巴黎住了，但依然和我保持联系。只要我和他们通话，他们就会一个劲地跟我说：'阿斯迈奈，如果俱乐部有什么需要，尽管开口好了，你知道的，我们会尽力的。'他们的慷慨从未改变。还有，别忘了，我们俱乐部里所有的孩子都穿耐克装备，这也得感谢姆巴佩。"

维尔弗里德在训练中是如何指导小姆巴佩的？

一位球员家长告诉我们："维尔对儿子没有偏袒，在需要批评的时候从不心软，从不徇私。他很严厉，对所有孩子都很严，他是一位真正的教练，也乐意为这家俱乐部服务。"

那个时候的姆巴佩到底是什么样子的呢？艾鲁舍说："他就和所有梦想成为球员的孩子一样，唯一不同的是，他的天赋比别人高出一大截。

"别人认为很难的动作，他能轻松完成，还能做得很好、很快，而且，他在每场比赛中都能做出这些动作。他只有十来岁，但比同龄人厉害一百倍，这非常了不起。"

安东尼奥·里卡尔迪为邦迪俱乐部工作 12 年，之前是当球员，现在是 U15 梯队的教练。训练课结束后，孩子们回到更衣室，里卡尔迪坐在更衣室内的一个小房间里，向我们回忆道："我在基利安出生不久就见过他了，因为维尔就像我第二个父亲，他教我踢球，教我当教练。我记得，基利安四岁时就会把手放在胸口，高唱《马赛曲》，六七岁时就会和我们说，有朝一日，他一定会代表法国队去踢世界杯。"

"千真万确，他那时候整天都这么说，"一位姆巴佩的前队友补充道，"他想要拿到金球奖，想成为职业球员，想去皇马踢球。而我们都想让他闭嘴！"

"当他一本正经地说出梦想——像他哥哥埃科科一样，去克莱枫丹，去雷恩，他还想去国家队，去皇马——我们听完后，除了笑还能干嘛？我们觉得他在做白日梦。"里卡尔迪表示。但在球场上，这个来自丁香巷的少年用行动告诉别人，他绝不是在说大话。

叙纳尔说："基利安跳级进入 U10 梯队时，我带过他一年。在训练中，这小子的技术实在是太娴熟了，我们那时候就知道，只要身体不出什么问题，基利安一定会进入职业赛场的。他在 U7 梯队只练了四个月，之后就一直在跳级，和那些 1997 年甚至还有 1996 年（出生）的孩子一起踢球。基利安是（1998 年）12 月份出生的，实际上，他是在和大了自己近 3 岁的对手过招。"

"虽然年纪小，但基利安却是我们这儿最优秀的球员，"里卡尔迪补充道，"他能改变场上节奏，他真的快，非常快，就像一个在踢职业比赛的成年队员，他知道如何摆脱对手的防守，如何接应队友。他最大的优势是啥？是超快的带球速度，他的天赋太出众了。"

"基利安是一个天生的盘带高手，他就像梅西、内马尔和登贝莱一样，是那种天赋异禀的球员。他很成熟，从不会背上压力。他进入职业赛场后，我看过他的比赛，我觉得，他和以前在邦迪时没什么两样。"叙纳尔说。

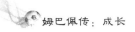

里卡尔迪接着说："作为教练，我们在临场判断上给他一点建议，比如这个球要早点射、那个球应该传出去、这种情况应该再过一个人，但在其他方面，我们没什么可以教他的。他的技术已经足够出色了，他很快就能领会教练的意图，什么话都不用我们说第二遍。"

夜幕降临，寒气逼人，更衣室外，探照灯照亮下方坑坑洼洼的草坪，球场另一侧的看台和画满涂鸦的围墙则被夜色吞没，草坪上，一帮小队员正反复练习带球、传球和射门。我们继续坐在温暖的更衣室里，听邦迪俱乐部的教练们回忆关于姆巴佩的点点滴滴。

"基利安的偶像是 C 罗，他把 C 罗的海报贴在卧室墙上。他很喜欢效力曼联时的 C 罗，还有刚到皇马那几年的 C 罗，那个快如闪电、飞驰在边路的7 号。基利安喜欢 C 罗的盘带，看完他的比赛转播后，就要在球场上模仿他的动作。"里卡尔迪说。但 C 罗并不是姆巴佩心目中唯一的英雄，罗纳尔迪尼奥和齐达内也是他钟爱的球星。直到现在，童年好友们仍会拿一件趣事调侃姆巴佩：他曾跑到一个发廊，非常严肃地要求发型师给他剪个齐达内的发型，把在场的人惊得目瞪口呆。长大后的姆巴佩曾为自己辩护："你喜欢一个球员时，就会模仿他的一切。那个时候，我真的不知道'齐祖'那是'地中海'。"

晚上的训练由马马杜·亚特教练负责，他是邦迪俱乐部 U10 到 U17 梯队的技术主管。亚特也抽空和我们聊了一会儿："我从维尔弗里德那儿知道的姆巴佩，维尔是个教练，他会到学校里教孩子们踢球，也指导过我的一些朋友。我之前就听说过，基利安踢得很好，技术很棒，但第一次亲眼看他踢球后，我还是惊呆了。那是 2005 年，我当时在邻市的东方俱乐部代当梯队教练，我们和邦迪踢了一场德比。上半场比分是 0∶0，我们场面占优，但全场结束时，我记得我们输了个 1 : 5，基利安应该进了 3 个球，个个精彩。他的身手就像成年队员，他阅读比赛的能力比其他人强多了，只要基利安一拿球，我的队员们就会往后退，他们害怕被他过掉，害怕被他戏耍。"

球场上小明星并没有成为校园里的坏小子。姆巴佩离开巴斯德幼儿园后，升入了奥兰普·德古热小学，该学校的前校长杨尼克·圣奥贝尔在接受《队报》采访时透露，费扎每晚都会和他及姆巴佩的老师马克见面，询问儿子白天的情况，如：行为是否端正、习题有没有做完及成绩是好是坏等等。"基利安知道，如果成绩不佳，他爸妈是不会饶过他的。他也很聪明，知道什么时候要用功学习。"维尔弗里德与费扎都非常关心姆巴佩的学习跟成长，帮他报了网球课、游泳课还有音乐剧培训班，姆巴佩正是在这个培训班上学会了吹长笛。此外，维尔夫妇一直注意让儿子远离不良少年，后来还把他送去一所私立的天主教学校。来到新学校后，姆巴佩并没有脱离父母的监控。他的法语老师妮科尔·勒菲弗说，在 7 年级学生中，姆巴佩是唯一随着携带一张跟踪评价表的人，每隔一个小时，都要让老师在这张表上签字，评定他的表现是"优"、"良"或"差"。

聪明，活泼，有梦想，可爱，好动，淘气，难管，这是姆巴佩留给一些老师的印象。大部分时候，他的各科成绩都还过得去，但他在课堂上的表现实在让人有些头痛。姆巴佩不会静静地坐在课桌前听讲，有时还会走神，这或许是由于他不习惯校园里缓慢的节奏，也可能仅仅是因为他就像叙纳尔说的那样，"不爱上学，只想成为职业球员"。

"基利安爱踢球，就算离开了训练场，他也时刻想着足球，时刻把足球挂在嘴边。他会在客厅里踢球，会坐下来用 PS 游戏机打《FIFA》。如果电视里播比赛，他是肯定不会错过的。除此之外，他家里的每个人，他的爸爸和叔叔都热爱足球。"里卡尔迪说。

天赋、热爱、决心和家庭氛围——这些因素让姆巴佩成为一个小天才，一个深受教练和队友喜爱的球员。泰奥·叙纳尔是代表邦迪俱乐部征战U19-D1赛事的门将，几乎在各级梯队都和姆巴佩当过队友，他回忆道："不管是我们队还是其他队的队员，每个人都佩服基利安，他只要一拿球，就会一口气过掉好几名防守球员。我记得我们队去特朗布莱踢过一项U11锦标赛，姆巴佩的表现很惊艳。那届赛事，波尔图和费耶诺德都有派队伍来参加，但基利安一路扛着我们前进，我们走了很远。我的老队友里有不少人后来都成为职业球员，但基利安是最特别的，别人和他都有差距，他过人、射门和助攻样样在行。"

"在U13及以下级别的比赛中，他一个赛季能进50个球，具体的数目我们没数过，但他一场比赛就能进3个球，再助攻2次。我俩在一个队时，基利安主要打左路，若纳唐·伊科内打右路——伊科内是巴黎圣日耳曼球员，这赛季（2016-17）租借到了蒙彼利埃。他俩在场上场下都很有默契。基利安是个很好的朋友，很有意思，总是笑呵呵的，他跟我、跟其他队友从来没有发生过矛盾。有些队长在队员面前会表现得很严厉，基利安不是一个这样的领袖，他只用场上的行动说话，他能带领一支伟大的球队。"

除了上面提到的泰奥和伊科内，埃·科博和梅泰昂·屈克吕也是出自邦迪俱乐部的1998-99年龄段的优秀球员，但他们的天赋都没有姆巴佩高。"我记得有一场联赛，我们踢得很好，取得了2：0的领先，但对手随后把比分扳成了2：1。一个队友跟基利安说，对手很快就会扳平比分。基利安让他放心，说自己几分钟后就会进球。接着，基利安在后场拿球，过了好几个防守队员，杀到对方门前，一个假动作晃得守门员失去重心，然后来了一脚梅西式的吊射破门。维尔当时和我一起坐在场下，他认为儿子玩得太过了，因此想好好地收拾基利安一番。我立刻对维尔说：'别收拾他，给他叫好！'"

叙纳尔说起了另一件往事，这或许也是姆巴佩留在邦迪俱乐部的最佳时刻："我们在一场关键比赛中碰上了博比尼，上半场，我们踢得一盘散沙，比分是 0：0。我们历来喜欢控球，喜欢用传控来调动对手，但那天，我们没打出自己的节奏。中场休息时，我走进更衣室，和教练说让我跟队员们讲两句。我告诉孩子们：'听着，我们今天换个踢法，下半场，简单点，把球传给基利安就好。'最终，基利安火力全开，我们 4：0 大获全胜。"

离开莱奥·拉格朗日球场前，我们问了艾鲁舍一个问题：基利安喜欢吃巧克力酱松饼吗？ "基利安不太走运，他在这儿时，我们还没有那个餐吧，"主席先生回答，"但现在，无论他什么时候来，我们管保让他吃个够。"

第四章　卡昂之约

谁是法兰西岛大区第一个发现姆巴佩的球探？此问题的答案很难追溯，因为许多人都坚称自己是那个慧眼识才的伯乐。姆巴佩成名后，无数球探在邦迪俱乐部的比赛日蜂拥而至，他们中有些人甚至愿意掏钱买票，只为看一眼赛场上的姆巴佩。

但有一件事情似乎是很确定的——勒达·阿马什是第一位对姆巴佩产生兴趣的职业俱乐部代表。球员时代，阿马什司职后卫，能在地区一级的球队中踢上球。后来，他付出很多努力，在2017年加入里尔俱乐部，并成为该俱乐部的首席国内球探。2009年2月，29岁的阿马什身兼两职，既是圣但尼联俱乐部的教练，又是法甲雷恩俱乐部驻巴黎地区的球探，他以第二个身份来到邦迪，在邦迪俱乐部一位教练的建议下，前往罗贝尔－加齐体育场，观看了一场U13比赛，这个体育场是邦迪俱乐部的第二主场，位于邦迪车站和一个工人社区之间。"那球场就像是另一个时代的建筑！"阿马什回忆道，"那天的场地硬得像水泥，但基利安还是用他的才华征服了我。他11岁，跳级参赛，比场上其他人都瘦小，但踢得已经非常棒了，动作也很优雅，这是与生俱来的天赋。他每次拿球，都能制造出威胁，尽管他在那场比赛中踢得并不是顺风顺水，但我已经意识到他的水平比别人高出太多。"

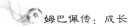

2004年，吉雷斯·肯博·埃科科加盟雷恩，此后，姆巴佩曾随父母北上探班哥哥，那时，雷恩俱乐部的人就见识过他的身手。因此，当阿马什的球探报告送达后，雷恩的人们都非常希望看一看，当年的小天才又进步了多少。

2009年5月，姆巴佩受邀来到巴黎西南20公里处，参加一项在埃松省伊薇特河畔吉夫举行的比赛。每年，雷恩俱乐部都会组织从巴黎地区发掘的U12球员踢这项赛事，以检验他们的水平。这一年，雷恩的带队教练是阿马什，他透露："一共32支参赛队，我们最终拿到第7名，这成绩挺不错的，要知道，我们的队员相互之间都不怎么熟悉。基利安表现得非常好，甚至可以说是最好的。看他踢球是一种享受，当然，他有时也会因过于粘球而让队友感到不爽。"

在一场比赛中，阿马什安排姆巴佩踢右后卫，目的是要让他理解团队精神和防守的重要性。"他没在后场呆哪怕一秒钟，而是由着自己的性子踢，不断前插，从不回防。"阿马什表示，但这位年轻的教练并没有撤下姆巴佩，还让他踢满了全场，这一方面是因为阿马什不愿叫弟子难堪，另一方面是姆巴佩在场上的助攻确实起到了作用。但终场哨响后，阿马什把姆巴佩拉到一旁做了提点。"我不想基利安难受，因此先说他踢得很好，感谢他帮球队赢下比赛。接着，我开始说他做得不好的地方，说他没有执行我赛前的部署。我告诉他，作为教练，我不能派一个不听话的球员上场。所以，下一场，他没有首发。毫无疑问，基利安有些生气，但他理解我的决定。"阿马什表示。

接下来的那场比赛，姆巴佩只能噘着嘴，闷闷不乐地枯坐替补席，直到雷恩队获得了一个禁区前的任意球机会，阿马什火速下达换人指令。"我把基利安叫过来，交待他：'上吧，现在，我需要你往前去进攻。放开踢，但首先，给我把这个任意球踢进去。'他跑上场，慢慢摆好球，助跑，起脚……

那球进得真的太漂亮了！基利安立刻就笑开了花。他跑过来，跳到我怀里庆祝。经历了这件事，我们结下了友谊，自那之后，不管我在比赛中给他下什么指令，他都会照办。我赢得了基利安的信任。"

阿马什也得到了维尔弗里德和费扎的认可，这对夫妇很欣赏他的执教风格。阿马什说："那届赛事结束后，基利安的父母过来告诉我，我是少数几个能掌握他们儿子脾气的人之一。"虽然雷恩和姆巴佩有过这样一段美好的回忆，但这家北方俱乐部并没能留法国足球的未来巨星。"基利安太小了，在他 15 岁以前，像雷恩这样的职业俱乐部很难把他召进青训营。还有，我不认为吉雷斯·肯博的存在是有助于我们招募基利安的，因为吉雷斯知道，雷恩一线队当时碰上了一些问题。"一位前雷恩教练解释道。

那届赛事过后，一段姆巴佩踢球的视频集锦在社交媒体上疯传，视频作者 KEWJF 对来自邦迪的天才边锋极尽溢美之词："这孩子只有 10 岁，但他已经有点像那个曼城巨星了。他们身材相仿，但更让人称奇的是，这孩子在技术上和罗比尼奥是如此相似。他还有很大的提高空间，但许多俱乐部认为，他已具备了踢职业联赛的天赋。大家怎么看？"在这段时长 4 分 20 秒的视频集锦中，小姆巴佩或披挂红色的雷恩 6 号战袍，或身着绿白相间的邦迪 10 号球衣，踩着背景音乐激昂的节奏，展示了他的十八般武艺：带球长途奔袭后，完成一次精妙的穿裆过人；脚后跟灵巧地一磕球，摆脱一名防守人；化身齐达内，做出完美的马赛回旋；任意球远程发炮，直挂球门死角。作者在视频末尾埋了一颗彩蛋——小姆巴佩面对特写镜头，摆出"沙卡"手势。数年后，他还会在广告画上复刻这个动作。毫无疑问，这段视频集锦给崭露头角的姆巴佩增添了不少人气。

另一边，阿马什离开雷恩，转投朗斯俱乐部。他履新后将两名球员列为

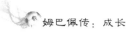

头号引援目标，一个是杰夫·雷内－阿代拉伊德——这名中场后来确实披上了朗斯球衣，并在 2015 年转会阿森纳，另一个就是基利安·姆巴佩。阿马什碰上的竞争对手可不少，巴黎圣日耳曼、波尔多及卡昂都想跟姆巴佩达成优先签约协议，以便在这颗新星年满 15 岁时，顺利和他签订正式的青训合同。

面对这众多求贤若渴的俱乐部，姆巴佩的父母依然很清醒。他们想花点时间，好好思考并权衡利弊，再做出合理的选择。"费扎和维尔给人的第一印象是开朗和热情，但他们内心还是比较谨慎的，"维尔弗里德夫妇的一位密友说，"他们不想贸然做决定，而是想先尽可能多地收集信息。某些人可能会说他们在考虑钱的事情，当然，他们肯定知道钱是很重要的，但对维尔和费扎来说，钱从来都不是最关键的问题。他们不迷恋财力雄厚的豪门，更青睐有好口碑和好氛围的俱乐部，他们很明智。"

卡昂是一家实力在法甲排中下游的俱乐部，上世纪 90 年代，卡昂闯入了欧洲联盟杯，和西班牙的皇家萨拉戈萨打了一轮淘汰赛，这是他们队史上最大的成就之一。2009 年 9 月，卡昂俱乐部驻巴黎地区的球探大卫·拉斯里发现了姆巴佩，并向上汇报："这孩子会是未来的金球奖得主。"这番话激起了卡昂俱乐部引援主管洛朗·格莱兹的好奇心，他把考察姆巴佩列入工作计划，亲自跑了一趟邦迪。格莱兹说："一个月后，我看到基利安踢球了，我立刻就意识到，我们遇上了一个现象级的球员，我可以告诉你，我之前从未用过'现象级'这个词。我们预算有限，如果想要得到基利安，必须尽快下手。"

卡昂方面和姆巴佩一家做了一些接触。拉斯里来邦迪看了姆巴佩好几次，并向维尔弗里德介绍了卡昂俱乐部的一些情况。拉斯里说："我们不像巴黎那样财大气粗，'砸钱买人'不是卡昂的经营策略，我们提倡以人为本，人文关怀，比起其他地方，球员在我们这儿可以走一条更轻松的成才之路。我们知道（招募姆巴佩）难度不小，但还是决定试一试。我们没有直奔主题，先是给他寄了圣诞礼物，还寄了一件球衣做生日礼物，最后才寄去一份报价很低的合同。我们一直没有得到回应，便给维尔夫妇打去电话，询问他们是否收到我们的邮件。维尔的回答很有意思，你猜他怎么说？他说：'你们的合同里肯定漏了一页内容吧，光有鱼竿可钓不到鲨鱼啊！'维尔说得没错，当时，基利安已经身价不菲了。"

朗斯这边也有动作，在阿马什的推动下，姆巴佩一家于2010年6月到访该俱乐部，并得到朗斯首席球探马克·韦斯特洛珀的热情接待。韦斯特洛珀是德罗巴的恩师，他早年执教勒芒俱乐部时，曾一手把魔兽提携进一线队。韦斯特洛珀说："那天上午，我都和姆巴佩一家呆在一起，基利安踢了一场比赛，参加这场比赛的还有我们这儿的U12队员，和其他一些像基利安那样过来试训的孩子。他踢得超棒，一个月前，我曾在邦迪看过基利安踢球，但（在朗斯）那天，他踢得太让人惊叹了，此前，我从没在哪个十一二岁的球员身上见过这样的表现。我立马告诉上面，我们必须得到基利安。"

2010-11赛季开始后，各俱乐部对姆巴佩的招募力度变得越来越大。巴黎圣日耳曼希望带他去西班牙踢一项比赛，但姆巴佩选择接受卡昂的邀请，参加让-潘容挑战赛，并拿下了赛事最佳球员奖项。从2010年9月到2011年6月，摩纳哥、索肖和波尔多都跟姆巴佩一家有过联系，姆巴佩还多次参加了波尔多俱乐部的"吉伦特"训练营。而切尔西成为首家向姆巴佩抛出橄榄枝的欧陆豪门，2011年春，他受邀前往伦敦的科巴姆训练基地，在那儿待了一个星期。对姆巴佩来说，这是一趟奇妙的旅程，安切洛蒂挂帅的蓝军为他打开一扇通向新世界的大门，姆巴佩见到了德罗巴，还代表切尔

西出战与查尔顿 U12 梯队的比赛，收获一场 7：0 的大胜。

但蓝军也未能留住邦迪天才。一位知情人士透露："对小基利安和他父母来说，如加盟切尔西，那步子未免迈得过大。从伦敦回来后，他们已把范围缩小到两家俱乐部。"显而易见，这两家俱乐部就是朗斯和卡昂，维尔弗里德和费扎花了近一个月的时间在他们之间做选择。

在朗斯，维尔弗里德夫妇同俱乐部主席热尔韦·马特尔及韦斯特洛珀吃好几顿午餐，跟首席球探先生相谈甚欢。在卡昂，维尔弗里德和费扎要求与一线队主帅弗兰克·迪马见面谈一谈，他们或许认为，迪马是唯一能给儿子的足球生涯提供长远规划的人。这次会面颇有成效。"迪马迟到了一会儿，也没来得及吃饭，"洛朗·格莱兹笑着回忆道，"他狼吞虎咽地干掉一个三明治，随后打开会议室里朝向训练场的窗子，点了一根烟。第二天，我们有一场保级生死战要踢，但迪马很重视基利安的事，也信任自己的团队，让助教带队员们训练。他们谈了差不多三个小时，迪马做得非常好，他确实是个幽默的家伙，会议室里的气氛一直都很轻松。迪马用友善和慈祥的态度打动了基利安的父母，并告诉他们：卡昂不会拔苗助长，会好好照顾培养他们的孩子，只要时机一到就会立刻让他转成职业球员，一个月前，他刚刚把 16 岁的尼昂带进了职业赛场。"

姆巴佩一家满意地离开了卡昂，心中似乎已有了打算。2011 年 5 月底，2010-11 赛季法甲联赛落下帷幕，卡昂排名积分榜第 15 位，保级成功，朗斯则和摩纳哥、阿尔勒－阿维尼翁一起降入法乙，结果应该很明确了。"我一直都还记得，"格莱兹说，"我正在休假，在泳池旁，手机响起，我看到了维尔的号码。他对我说：'我现在通知你，你是第一个知道的，我们选卡昂！'努力了整整两年后，目标终于达成，我们非常开心！"

卡昂俱乐部为姆巴佩准备了一份协议，约定在两年后——也就是2013年8月，同他签订青训合约，该合约会在姆巴佩成年时自动转成职业合同。卡昂会支付一笔签约费，金额在12万到18万欧元之间，具体数目视姆巴佩未来进入一线队的时间决定。但此时，双方只是口头达成一致，尚未在正式的文件上签字……

第五章　柳暗花明

　　巴黎西南 50 公里处，伊夫林省克莱枫丹的密林中有一座名叫蒙茹瓦的庄园，这里就是著名的克莱枫丹法国国家足球学院①的所在地。马图伊迪、本·阿尔法、威廉·加拉斯、阿内尔卡、亨利等法国现役及前国脚，都曾在这儿的训练场上挥汗如雨，以马夏尔为代表的其他一些球员，因没通过选拔考核，未能实现来此学艺的梦想。克莱枫丹学院既是法国国家足球队的大本营，也是一个令巴黎地区的足球少年们心驰神往的地方。从 1998 年开始，每年都有一小批天赋出众且足够幸运的 U13 球员，可以走进蒙茹瓦庄园，在极其优越的环境和条件下免费受训两年，为日后升入职业俱乐部的青训梯队打基础。"克莱枫丹的理念可以总结为三点——关爱、运动和教育，"曾在克莱枫丹学院任教的热拉尔·普雷舍尔告诉我们，"踢球的孩子最大的梦想就是走上职业赛场，但我们绝不能让他们把学业丢在一边，要帮他们正视现实，在法国，每年只有八九十名球员能签下人生中的第一份职业合同。"

　　姆巴佩和克莱枫丹学院又有怎样的故事呢？

　　2011 年 8 月，已被卡昂锁定的姆巴佩，开始了在克莱枫丹学院的求学

---

　　① 译注：后文简称"克莱枫丹学院"。

生涯。数月前，他在选拔考核中技惊四座，成功过关。“基利安轻松地吸引了所有人的目光，”普雷舍尔回忆道，“我一眼就喜欢上了他，他技术好，带球速度飞快，绝大多数同龄的孩子可做不到这样，而且，基利安骨子里就不喜欢墨守成规。他很清楚自己的目标是‘成为职业球员’，‘成为最优秀的球员’，‘拿到金球奖’，他有梦想，并且非常努力。他的考核成绩是不错的，当然，这绝不会是他最大的优势，我们从 2000 名候选球员中选出了 22 个孩子，基利安毫无悬念地入选了。他会在每周日晚上来到克莱枫丹，接下来的五天，他会在这儿训练，还要去朗布依埃的卡特琳・德・维沃内中学上课，那儿有专门为小球员开设的课程。周五晚，基利安会回家，周末的时候，他会回母队邦迪俱乐部踢比赛，第一年，他跳级参加 U15 比赛，第二年，他就踢 U17 比赛了。”

初到克莱枫丹学院时，姆巴佩尚未满 13 岁，但他迅速地适应了新环境。最开始，他和来自萨尔塞勒的前锋阿尔芒・洛里安住一个房间，第二年，他又跟未来的欧塞尔后卫赫米斯・迪若尔・恩杜赞吉做起了室友。姆巴佩和新队友们一起玩纸牌，一起聊足球，很快，性格开朗的他就成为队伍里的开心果。“是的，大家在一起时，基利安总是那个带头开玩笑的人，而且会不停地开玩笑，”现已回到业余足球界的基利安・贝维斯表示，“我们给他起了很多外号，一个叫‘小宝贝儿’，因为他老是噘嘴，还有一个是‘花生’，因为他的头型就像颗花生。”

“基利安是个活宝，总是带头拿别人开涮，搞气氛，我们下课后坐大巴去训练场时，会唱现编的‘战歌’，而他就是闹得最凶的那个家伙！”2017 年和里昂俱乐部签下职业合同的亚恩・基塔拉说，“我们就像兄弟一样，每天都在不停地讨论足球，还会在房间里玩一对一，当我们觉得这还不过瘾时，就会在晚上从阳台溜去训练场，场地上已经关灯了，我们只能借着手机灯光踢五对五！"

每天下午放学后，20多名十二三岁的小球员，会在让－克洛德·拉法尔格教练的带领下进行训练，在这些训练课上，姆巴佩体验到竞争的感觉。一位前队友透露："在邦迪，基利安是队里的头号球星，是俱乐部里和赛场上的最优秀的队员，但在克莱枫丹，他发现身边的球员都和自己一个水平甚至更强。"普雷舍尔则表示："事实上，在这儿的两年里，基利安过得可不是那么轻松。在业余俱乐部，前锋是不用承担太多防守任务的，但在克莱枫丹，基利安遇上了巴黎地区最优秀的一批球员，这也促使他不断地努力和进步，在打磨技术的同时，也不断增强团队意识。"

在克莱枫丹，日子一天天过去，一个不太好的消息传到了姆巴佩这里——他和卡昂似乎很难牵手成功了。这家北方俱乐部陷入困境，战绩不佳，需要削减预算。"基利安在克莱枫丹完成第一年的训练后，我们之间依然没有签定任何正式的文件。我们想做些事情，却一拖再拖，后来，情况变得愈发困难了，2011-12赛季结束后，卡昂降级到了法乙，"格莱兹略显苦涩地回忆道，"我们一直和姆巴佩一家保持着联系，但不久之后，俱乐部高层让我别再坚持了。卡昂当时的主席让－弗朗索瓦·弗尔坦是个很爱护员工的人，一道选择题摆在他面前：是用每年6万欧元的费用签下一名13岁的球员，还是用这笔钱多留下一两名员工。虽然对卡昂来说，签下姆巴佩会是一笔非常棒的投资，但弗尔坦还是很快做出了取舍。管理层让我去和姆巴佩一家沟通，2012-13赛季开始后，我给他们打去电话。得知卡昂的决定后，费扎在电话那头说：'那我们现在该怎么办？我们已经告诉其他俱乐部会和你们签约的！'我必须承认，错失基利安是我职业生涯中最难熬的时刻！"

　　卡昂的退出并没有影响姆巴佩的星途，反而让许多俱乐部把这个邦迪天才重新列为头号引援目标。姆巴佩10岁生日时，皮埃尔送给侄子一个伯纳乌球场的模型，姆巴佩自信地告诉叔叔和其他家人："有朝一日，我会带你们去皇马的包厢看球。"当时，所有人都笑了起来，但四年过后，姆巴佩有机会实现自己的承诺了。2012年11月，在克莱枫丹学院的一场比赛中，一位皇马球探看中了身穿白色球衣的姆巴佩——这个信息是皇马的引援主管通过电话告诉维尔弗里德的，这位高层还请维尔带儿子去马德里试训一周。"皇马发来邀请那周，基利安正好要过生日，"姆巴佩父母曾对媒体透露，"因此，我们去西班牙不是为了再次检验他的潜力，而是为了让他开心一下。"

　　维尔弗里德夫妇带着姆巴佩动身前往西班牙，同行的还有皮埃尔和阿兰－姆博马，皇家马德里用豪门的方式欢迎这一行人的到来。2012年12月16日，姆巴佩和家人走出机场后，等候多时的司机直接把他们载去了酒店。姆巴佩曾在接受一家法国周刊访谈时，详细叙述了之后几天的行程："第一天，我们现场看了皇马和西班牙人的比赛。第二天早上，我们去了巴尔德贝瓦斯基地，齐达内先生带我们参观了很久。接着，我第一次参加了皇马的训练课，练得很爽，还踢了一场比赛！第四天，我做一些恢复性训练，见到了一线队的球员，还跟他们合了影！"

　　在其中一张合影中，姆巴佩穿着皇马训练服，搂住偶像C罗，毫不怯场，还用两个指头比出"V"字手势。而葡萄牙巨星也没有被前些天憾平西班牙人的比赛影响心情，咧着嘴露出标志性的微笑。这张照片也成为姆巴佩皇马之行中最珍贵的回忆。

　　姆巴佩回国后，向同伴们讲述了在马德里的种种见闻。"基利安告诉我们，他见到了齐达内，还见到了C罗。他给我们看照片，但并没有炫耀的意思，"泰奥·叙纳尔说，"毫无疑问，听完他的话，我们也梦想着有一天能去皇马看看，但很快，我们就意识到，这样的事情可不是家常便饭，不会发生在每个人身上。"

和几年前的切尔西一样，盛情的皇马也未能打动姆巴佩一家。"银河战舰"对侄子的青睐，并没有让皮埃尔激动忘形，他曾在接受媒体采访时表示："我们的想法没有变，虽然齐达内先生把我们照顾得很好，也讲了他们对基利安的培养计划，但我还是想按自己的节奏走，慢慢来。直到今天，还有人会问我基利安为何没去皇马。原因很简单，他当时太小了，去皇马未必能踢出来。这一步跳得太大了，人们想象不到，对一个 14 岁的孩子这意味着什么。他得学习新语言，适应新环境，我们全家的生活都会因此而改变。我们一起讨论了很久，最终做出了决定。"

在这场姆巴佩争夺战中，皇马成了出局者，另一家来自英格兰的豪强曼城也未能胜出，和他们同病相怜的还有法国的波尔多及巴黎圣日耳曼，而大巴黎的明星球探皮埃尔·雷诺自 2009 年起就一直在关注和尝试引进姆巴佩。这些豪门败给了一个来自法乙的对手——摩纳哥俱乐部。①

2013 年春，摩纳哥俱乐部正在努力重返法国顶级联赛舞台，一年半以前，俄罗斯富商德米特里·雷波诺列夫收购了这家位于摩纳哥公国的俱乐部，也为他们注入了雄厚的资本。此时的摩纳哥踌躇满志，聚齐了一批知名球员和希望之星，意欲打造一支能征战欧陆的劲旅，此外，他们还手握招募姆巴佩的秘密武器——勒达·阿马什。2012-13 赛季，阿马什加入了由苏莱

---

① 译注：摩纳哥俱乐部来自摩纳哥公国，由于摩纳哥国家太小，没有职业足球比赛，该俱乐部常年参加法国的足球联赛。

曼·卡马拉领导的摩纳哥俱乐部球探团队。这位姆巴佩一家的老友说："我得知基利安恢复自由身之后，就立马和他的家人取得联系，并告诉他们：'你们要找新东家，而我换了新工作，我们还等什么呢？'一开始，维尔和费扎对摩纳哥并太感冒，这儿离巴黎太远了，而且，他们前些年和摩纳哥有过接触，但对这家俱乐部的印象并不是太好。我告诉维尔和费扎，摩纳哥的已经换了全新的管理层，青训梯队由弗雷德里克·巴里拉罗教练执掌。巴里拉罗等人后来也出马了，并且颇有成效，因为他们很会跟球员的家长沟通，也拿出了一份符合基利安期望的计划。"

经历了四年的曲折反复，剧情终于尘埃落定，2013 年 7 月 3 日，克莱枫丹学院的毕业生姆巴佩正式加盟职业俱乐部。阿马什与卡马拉代表摩纳哥来到邦迪，和姆巴佩签下一份为期三年的青训合约，据知情人士透露，签约费为 40 多万欧元。"在其他时候，如果搞掂了这样一笔高难度的签约，我们八成会长舒一口气，但这一次，我们没有，一点儿都没有，没有人高兴得上蹿下跳。我们让基利安拿着他的摩纳哥 7 号球衣拍了照，接着，我们就要准备其他事情了。对基利安和他的家人来说，一切才刚刚开始。"

第六章　出师不利

　　当春季来临，游客们会乘车从尼斯出发，沿半山滨海公路①向东部意法边境的芒通行驶，一路阅尽蓝色海岸②的美景。路程过半时，碧蓝的地中海在车窗外延伸至天际，一艘艘游艇争相离岸，拉出道道白色浪花，一片密集的钢筋混凝土丛林雄踞山脚，这里就是遍地黄金的摩纳哥。在这座魅力之都，"寸土寸金"绝非虚言。摩纳哥公国是世界上第二小的国家，国土面积不到两平方公里，只比梵蒂冈城国大，但这个袖珍小国却有着冠绝全球的人口密度③，以及流进每一寸土地的巨额财富。

　　格里马尔迪家族是摩纳哥公国的统治者，他们居住在摩纳哥城区④的摩纳哥大公官邸里，享受这片神奇之地已有数百年。摩纳哥是一座人间游乐场，在这里，你可以逛遍世界各大奢侈品牌的柜台，随时能遇见产自英国或意大利的各色豪车，还会看到对对衣着华贵的情侣，在金碧辉煌的酒店和赌

---

　　① 译注：从尼斯到芒通共有三条穿行在滨海悬崖上的公路，分别是：滨海公路、半山滨海公路和滨海山道，这三条公路基本并行，海拔不同，各有特点，各具风景。

　　② 译注：蓝色海岸，西起法国土伦东至意法边境的地中海沿岸地区，风景优美，名流云集。该地区的著名城市有戛纳、尼斯和摩纳哥等。

　　③ 译注：摩纳哥有近四万居民，是世界上人口密度最高的国家。

　　④ 译注：传统意义上，摩纳哥分为四个区（非行政单位）——摩纳哥城区、拉康达明区、枫维叶区和蒙特卡洛区。

场里不分昼夜地狂欢，惊得那些初次到访的游人呆若木鸡。摩纳哥不像现实世界里的城邦，更似落入凡间的梦中王国，而这座梦幻之城和体育也有着不解之缘。

车神塞纳曾在摩纳哥赛道上风驰电掣，六夺世界一级方程式锦标赛摩纳哥大奖赛冠军；红土之王纳达尔视蒙特卡洛乡村俱乐部如自家后花园，已11次将男子职业网球蒙特卡洛大师赛的桂冠收入囊中；绝代双骄梅西和C罗也曾多次来到王权广场议政殿，在每年8月底举行的欧冠小组赛抽签仪式上，领取欧足联年度最佳球员奖杯。城市南端，枫维叶港静静地守护着宏伟的路易二世体育场，谢尔盖·布勃卡、尤塞恩·博尔特等一代代田径名将曾在这里屡创佳绩。20世纪80年代，摩纳哥足球俱乐部将这座可容纳18000名观众的现代化建筑设作主场，从那时起，路易二世体育场见证了乔治·维阿、索尼·安德森和莫伦特斯等各国神锋身披摩纳哥战袍摧城拔寨的英姿，也留下了德约卡夫、亨利和特雷泽盖等1998世界杯冠军队成员为红白军团① 冲锋陷阵的身影。

2013年夏天，重返法甲的摩纳哥俱乐部延续传统，引进了一批优秀的前场球员。他们豪掷1.05亿欧元，分别从马竞和波尔图招来法尔考与哈梅斯·罗德里格斯，还用500万欧元从里昂挖来17岁的法国锋线新星马夏尔，与这些转会比起来，少年姆巴佩的加盟可能就没那么引人注目了。但《法国足球》杂志仍留出一小块版面，介绍了摩纳哥签下姆巴佩的消息，对一个15岁上下的球员来说，这样的待遇实属难得，这篇报道提到，姆巴佩引用诗人王尔德的名句表达志向："若你剑指星辰，即便错过了群星，也可落在云端。"

来到摩纳哥后，邦迪的天才边锋发现自己需要适应普通球员的身份。摩

---

① 译注：红白军团是摩纳哥俱乐部的昵称。

纳哥俱乐部在路易二世体育场南看台下准备了 20 多间宿舍，供新入队的小球员们居住，这批新人主要来自马赛和巴黎，姆巴佩搬进这里，和新队友们生活在一起。每天早上，这些小球员会乘坐小巴，前往十公里外的拉蒂尔比度过一天时光，摩纳哥俱乐部的训练基地就建在这座法国小镇上。上午是学习时间，老师们为姆巴佩等人教授 10 年级的课程，下午三四点钟，小球员们会来到一块能朝向地中海的大型人造草坪上，在布律诺·伊尔勒教练的监督下进行足球训练。伊尔勒踢球时效力过摩纳哥俱乐部，场上司职后卫，退役后担任过红白军团预备队和 U17 梯队的教练。姆巴佩和这 20 余名队友都是出生于 1997 到 1998 年之间，他们会在伊尔勒的带领下，征战法国足球U17 联赛 [1]。

"从最初的那几堂训练课起，从赛季初韦科尔山区欧特朗的训练营起，我就注意到了姆巴佩，他的天赋太好了，"伊尔勒说，"他脚法出众，技术细腻，拿球从容，很有进攻威胁。但我也注意到，他的防守不够好，他在这方面就不怎么下功夫。但姆巴佩那时候还不到 15 岁，我原打算在那个赛季（2013-14）帮他进步。我觉得时间还很够，他是第一年踢 U17 联赛，队里还有一些孩子也是 1998 年的，我想让他们慢慢来，慢慢适应 U17 比赛的节奏。"

赛季开始后的前几场比赛，姆巴佩极少进入首发阵容，只获得了零星的上场时间，有时甚至要临近终场时才能登场亮相。他第一次感受到了真正的竞争压力，那些出生于 1997 年的队友已经踢过一季 U17 联赛了，经验上更为丰富。但姆巴佩要面对的问题还不止于此，伊尔勒始终揪着他的防守短板

---

① 译注：法国足球 U17 联赛是法国青年足球赛事系统中 U17 年龄段最高级别的赛事，由法国足协组织，后文提到的 U17 荣誉联赛是该年龄段第二级别的赛事，由法国足协下属的各大区足协组织。

不放，2013 年 9 月 8 日，这位教练做出决定，将姆巴佩派去俱乐部的另一级梯队，参加 U17 荣誉联赛。这次下放成为一场冲突的导火索。

"我开始觉得这个想法挺好的，在荣誉联赛里，姆巴佩会得到更多的上场时间，那儿的球员技术没那么好，但身体更强。但我想错了，错得还挺离谱，"伊尔勒回忆道，"一份比赛报告中记录，教练在场边喊姆巴佩回防，但他冲教练做了个手势，大意是：'别管我！'更让我没想到的是，一个星期后，姆巴佩没事，我反而被管理层找去谈话了！他的父母给巴里拉罗和卡马拉打了电话，说不理解为何我让他们的儿子去踢 U17 荣誉联赛。最后，管理层告诉我别让姆巴佩踢荣誉联赛了，天啊，其他球员可都是去那里锻炼的啊！"

如今，卡马拉已经退出足坛，加入法国飞碟射击协会，他表示："是的，确实是我要求布律诺的，但前一个赛季，基利安在邦迪已经踢过 U17 荣誉联赛了，说实话，这孩子的确不用再参加这项赛事了。"

尽管姆巴佩一家暂时赢了伊尔勒，但这番交手仍让不少人感到担心。"我们在邦迪，完全搞不清状况，只是感觉事情可能很糟糕，"范范·叙纳尔回忆道，"伊尔勒让姆巴佩参与防守，那梅西在巴塞罗那会回防吗？球队由攻转守时，球员当然要回到自己的位置上，但是，你不能让球员踢得不舒服啊，也不能要求一个前锋死命防守啊。"

维尔弗里德请了一年假，把费扎和埃唐留在家中，独自来到拉蒂尔比旁的卡普代镇，租了一间公寓住下，基本没缺席过姆巴佩的训练课。他对儿子在新俱乐部的遭遇非常不满。"基利安不喜欢布律诺·伊尔勒的带队方式，"一位知情人士透露，"他说伊尔勒在训练时经常说脏话骂人，骂得一些承受能力差的队员晚上睡觉时都会哭，基利安还算能顶得住，但有时候也受不了。还好，基利安的家人亲友一直在保护他，他们没有听之任之，而是不断地找俱乐部要说法。"

2013 年 12 月，摩纳哥俱乐部管理层在拉蒂尔比训练基地再次约谈伊尔勒，维尔弗里德和费扎也到场出席，双方间的对立情绪非但没有得到缓和，反而变得更严重了。伊尔勒说："首先，他们指责我没给够基利安上场时间，我解释俱乐部不让我派他踢荣誉联赛，但他又摆不正心态，不适合在 U17 联赛中踢首发。他们还说，基利安在队里过得不开心也是我的错，我不同意这个说法。他在这儿和队友们处得很不错，当然，如果我没把他放进上场名单，他确实会有些失落。最后，他们还提到我在训练中说的那些话。我告诉他们，有时候，假如球员不听教练的话，或者踢得太自私，那教练员就需要说点重话。基利安身上就出现了这些问题，我又不能下放他，所以只能用其他手段来让他理解我的意思。有时候，我确实会对他说'别像个大牌一样'，'你他妈不是在皇马，给我动作快一点'，我之所以唠叨这些，是为了强调我的观点，为了让基利安跟上其他队友的节奏。"

这次会谈没有解决任何问题，伊尔勒和姆巴佩一家的矛盾还会持续很长时间。"足球教练在工作中会遇上很多很复杂的问题，姆巴佩这件事就是个很好的例子，"马克·韦斯特洛珀解释道，"教练这个角色和父亲有点像，对手下球员该骂要骂，但也要理解和鼓励。毫无疑问，有时候，伊尔勒确实需要敲打一下基利安，告诉他'踢球是工作，你不能这么懒洋洋地踢'。但我们也得承认，基利安的才华是举国上下有目共睹的，而且那个时候，他还没满 15 岁呢，需要的是关爱，伊尔勒在这方面可能做得不太够。"

"伊尔勒显然没有赢得基利安的信任，此外，他和巴里拉罗也有些合不来，"阿马什透露，"但我们没必要指责伊尔勒，哪个教练不和球员闹点别扭呢？只不过，伊尔勒不太走运，碰上了基利安这个最受人关注的天才少年。"

2014 年春，摩纳哥 U17 梯队前往南特附近的蒙泰居参加一项锦标赛，姆巴佩和伊尔勒的关系在这趟出征途中降至冰点。4 月 1 日，赛事最后一轮，摩纳哥对上波尔多，伊尔勒称姆巴佩在这场比赛中狠狠地顶撞了自己："我告诉基利安准备换下来，他冲我扬了一下手，那意思是'滚开'。我二话不说，立马就把他换了下来。那是基利安在我手下踢的最后一场比赛，我此后再也没用过他。"事后，知情人士透露，姆巴佩的叔叔皮埃尔差一点就和伊尔勒大打出手。对此，伊尔勒本人没有否认，也没有交代更多信息："中间的细节，我不想说了，但当时情况确实非常失控。后来，我找到管理层表明态度：把基利安从我队里弄走。"

不难想象，夹在中间的摩纳哥俱乐部管理层很为难，既不能拆伊尔勒的台，也不能驳姆巴佩一家的面子。当时有消息称，如果摩纳哥方面无法迅速给出解决方案，维尔弗里德和费扎可能会为儿子另找下家。巴里拉罗有意要结束这场闹剧，他的想法得到新上任的俱乐部体育总监路易斯·坎波斯的支持，这两位高管似乎也研究出了安抚姆巴佩一家的方法。姆巴佩先是在西尔万·勒格文斯基教练的指导下单练了一个星期，随后跟着巴里拉罗的 U19 梯队过完了那个赛季剩余的时间。

2014 年夏天，伊尔勒不出所料地从摩纳哥俱乐部卸任，接下的几年，他考取了职业足球教练资格证书，先后执教了法国的阿尔勒－阿维尼翁俱乐部和摩尔多瓦的舍里夫俱乐部。伊尔勒把一份遗憾永远地留在了效力多年的老东家："我没能帮基利安补上短板，那一年，他本来是有机会变得更成熟的。"那一年，姆巴佩初登 U17 联赛舞台，总计参赛 25 场，出场 1175 分钟，而翻开伊尔勒的笔记本，我们还能找到其他一些关于姆巴佩的数据：打进 5 球（对尼姆时梅开二度），助攻 3 次……2 次失误直接导致本方失球。伊尔勒坦言："是的，我把他表现好的和坏的地方都记下来了，但你知道的，人生是没办法重来一次的。"

第七章　赶超传奇

前法国国脚蒂埃里·亨利曾于 1993 到 1999 年间效力摩纳哥，对这家俱乐部来说，他是一个标杆式的人物。每当那些混血前锋或有西印度群岛血统的射手加入摩纳哥青训营时①，人们都会说：看啊，新亨利！但这种言论一般不会持续太长时间，比肩传奇并非易事。来摩纳哥后的首个赛季，亨利便在法国足球 U17 联赛中射入 42 球；1994 年 8 月 31 日，他上演职业生涯首秀，年仅 17 岁零 14 天；1995 年 4 月 29 日，他又在对阵朗斯的比赛中斩获职业生涯首球，此时的亨利只有 17 岁零 8 个月 12 天。

姆巴佩很小就听过亨利的名字，那时候，他在邦迪的训练场上带球飞奔，场边的观众给他起名"新蒂蒂"②。2011 年，姆巴佩走进克莱枫丹学院，普雷舍尔很快就发觉，这个新学员和同龄的亨利有点像："他俩都是速度快，技术又好，这在 13 岁的孩子身上是很少见的，蒂埃里当时身体条件更好一些，而基利安天生就是踢边锋的苗子。"姆巴佩来到摩纳哥后，旁人依旧没有停止拿他和亨利做对比。球员时代，伊尔勒与亨利在摩纳哥及法国 U21 国

---

① 译注：亨利的父母都来自法属西印度群岛地区。
② 译注："蒂蒂"是亨利的昵称。

家队都当过队友，这位教练认为："他们早先的成长轨迹确实挺像，但我觉得，两人相似之处也仅限于此了。蒂埃里·亨利是一个非常努力的球员，我这么说没有贬低他的意思，蒂埃里的职业生涯很长很辉煌，他去过尤文图斯、巴塞罗那、纽约红牛和阿森纳，但毫无疑问，他一直都很努力，一直都在挑战自己，所以才有了这番成就。基利安不是这样子的，他成功的秘诀就是天赋。"

在摩纳哥的第一年，天赋如此出众的姆巴佩过得有些迷茫。2014-15赛季，伊尔勒离去，邦迪小子才等到机会一展抱负，兑现教练们的期待。"基利安更熟悉训练基地的制度和日常运作了，也完全融入到队伍中，"卡马拉说，"教练们和他更合拍了，他感觉更自如了，也找回了信心。基利安只要过得开心，就能踢出超凡的表现。"

卡马拉所言非虚。2014-15赛季法国足球U17联赛D组首轮，姆巴佩独中两元，助摩纳哥以6：2客场击败近邻尼斯，这个赛季的上半程，尚未满16岁的他还跳级为巴里拉罗的U19梯队出战了数场比赛。"基利安有自信了，觉得自己能在场上为球队做出贡献了，这一方面可能是因为他感受到了教练的重视，"一位曾和姆巴佩在摩纳哥青训营做过队友的球员表示，"另外，也可能是他前一个赛季的努力开始发挥作用了。"

到2014年12月底时，姆巴佩已经在U17联赛中打进8球，代表U19梯队在法国足球U19联赛 ① 中也有斩获——在对阵富里阿尼和里昂时各打进

---

① 译注：法国足球U19联赛是法国青年足球赛事系统中U19年龄段最高级别的赛事。

1 球。此外，他还亮相欧洲青年联赛①，并小秀一把身手，在摩纳哥主场以1-3 不敌俄罗斯球队圣彼得堡泽尼特的比赛中贡献 1 次助攻。这个赛季下半程，姆巴佩几乎没有离开过巴里拉罗的 U19 梯队，打进 6 球，在对阿雅克肖一役中梅开二度。"我们那个赛季踢得很棒，是（U19 联赛）D 组进球最多的球队，"前摩纳哥 U19 梯队球员伊尔文·卡多纳回忆，"基利安是队里年纪最小的，他带来一些竞争，但也带给我们很多欢乐。"

U19 梯队的队友们没有想到，对姆巴佩来说，2014-15 赛季仅仅是个开始，这个少年会在接下来的赛季中打破一连串纪录。2015 年夏天，姆巴佩家的一位友人到访蓝色海岸，竟差点没认出姆巴佩，他说："基利安变了，变得更沉着、更成熟、更稳重了，也开始变声了。他长大了，不再是个孩子了。"2015 年 10 月初，2015-16 赛季法国足球 U19 联赛战罢 7 轮，姆巴佩打进 10 球，助攻 2 次，更为惊人的是，他在开季前 4 轮对阵图卢兹、阿尔勒－阿维尼翁、巴斯蒂亚和阿雅克肖加泽莱克的比赛中，场场都收获 2 个进球。"我听说了基利安的表现，立刻赶去奥弗涅，看他们和克莱蒙的比赛，我看到一个和以前完全不同的姆巴佩，他可以踢顶级联赛了。他长大了，肌肉变结实了，我心想：如果他再长个几公斤，那可真让人期待啊。"韦斯特洛珀说。此时，这位前朗斯球探已为巴黎圣日耳曼的引援部门工作了两年多。

很快，16 岁的姆巴佩就踏上了更高级别的赛场。2015 年 10 月 17 日，

---

① 译注：欧洲青年联赛是一项由欧足联组织的 U19 青年足球赛事，每赛季举办一次。按现行赛制，该赛事的参赛队为获得当赛季欧冠联赛资格的俱乐部青年队（32 支），加上欧洲联内部积分排名较高的成员国协会青年联赛冠军队伍（32 支）。

2015-16赛季法国足球业余联赛 ①C组第8轮，摩纳哥预备队以3：0击败科洛米耶联，姆巴佩在此役替补出战了几分钟，完成法国足球业余联赛首秀。两周后，他又在对阵耶尔的比赛中，第一次为摩纳哥预备队首发出场。11月21日到25日，姆巴佩在法丙第11轮和12轮，接连攻破了波城与蒙德马桑的球门，还为队友献上一记助攻。

"那时候，每周的比赛报告都会对基利安大夸特夸，我们开始注意到这个很不一般的小伙子，"《摩纳哥晨报》记者法比安·皮加勒告诉我们，"当时，摩纳哥（一队）的进攻不是太顺，他们需要补充一点新鲜血液，而我们第一次在文章中写了一些关于基利安的消息，几周后，他就跟着一队训练了。"短短三个半月的时间，这名来自丁香巷的少年朝着梦想又前进了一大步。2015年11月中旬，国际足球比赛日间歇期到了 ②，由于部分队员有国家队比赛任务，部分队员因伤缺训，摩纳哥一线队主帅莱昂纳多·雅尔丁手下闹起了人荒。姆巴佩得到机会上调一队，和职业球员们一起训练。

"训练课开始时，老球员们问我是不是来试训的，"姆巴佩后来回忆道，"我说我16岁，他们有点被吓到了，因为他们看我像19岁上下。教练也问我是不是新来的，我告诉他，我来俱乐部三年了。训练结束后，教练让我第二天接着过来练，还问我要了我爸爸的电话号码。"

雅尔丁被姆巴佩的才华征服了，决定让这个孩子立刻到职业赛场接受考

---

① 译注：法国足球业余联赛，是法国成年足球联赛系统中第四级别的赛事，为业余性质，部分法甲和法乙的职业俱乐部会派预备队参加这项赛事。后文简称"法丙"。

② 译注：根据国际足联要求，每年的大多数月份里都会有一段国际足球比赛日间歇期，时长为一周左右。在此期间，各国的职业联赛暂时休赛，部分职业球员会回到国家队，参加世预赛、欧洲杯预选赛和国际友谊赛等国家队赛事。

验。2015 年 11 月 29 日，2015-16 赛季法甲联赛第 15 轮，摩纳哥客场挑战马赛，姆巴佩第一次随一线队出征。12 月 2 日，摩纳哥回到路易二世体育场迎战卡昂，姆巴佩也迎来职业生涯中的一个重要时刻，比赛第 88 分钟，身披 33 号球衣的他替下葡萄牙后卫法比奥·科恩特朗，完成个人法甲首秀。

最终，红白军团在主场以 1：1 憾平卡昂，姆巴佩没能改变比赛走势，但改写了一项纪录——16 岁零 11 个月 12 天，他取代亨利，成为摩纳哥俱乐部历史上最年轻的为一线队出场的球员，这也是姆巴佩第一次在纪录榜上赶超亨利。"毫无疑问，这次亮相过后，观众开始对基利安有印象了，"记者达米安·谢德维尔说，"他超越了亨利，多年来，亨利一直都是摩纳哥俱乐部的标杆。八天后，基利安首次在欧联杯中出场，对手是托特纳姆热刺，他为队友送出了一次助攻。"

姆巴佩没有停下收割纪录的脚步。2016 年 2 月 20 日，摩纳哥坐镇主场迎接特鲁瓦的挑战，比赛第 73 分钟，姆巴佩替补出场。伤停补时第 3 分钟，埃尔德·科斯塔带球突入禁区后传中，找到 12 码点附近无人看防的姆巴佩，后者迎球一脚低射，骗过特鲁瓦门将破网，帮红白军团把比分锁定为 3：1。邦迪天才在他为摩纳哥一队出战的第 9 场比赛中，就打入个人职业赛场首球。姆巴佩迟疑了一两秒，才意识到自己进球了，看台上，他的家人也不敢相信眼前刚刚发生的事情。17 岁零 2 个月，姆巴佩成为摩纳哥俱乐部历史上最年轻的在职业比赛中破门的球员，亨利又一次被他甩在身后。

"基利安很有志气，从很小的时候起，就会给自己设定一个个的目标，他为了达到这些目标，会付出百分百的努力，"姆巴佩家的一位亲戚说，"对特鲁瓦的进球就是基利安不断努力的结果，这粒进球也是个意外之喜，当时，他们一家正和摩纳哥谈判。"

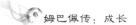

2013 年夏，摩纳哥俱乐部曾与姆巴佩签下为期三年的青训合约。时光荏苒，昔日的少年已脱去青涩，三年之约眼看就要到期，而红白军团仍未能与姆巴佩签定职业合同。摩纳哥俱乐部一边要与时间赛跑，一边还要再次面对欧陆豪强的竞争。"从 2015 年 10 月起，一些俱乐部看过基利安在 U19 比赛中的表现后，就开始动心思了，盘算着要抓住（合约到期的）机会免费签下他，"一位来自法国某俱乐部的球探透露，"基利安的声名鹊起让摩纳哥俱乐部很被动，许多俱乐部都想来挖人。"

2015 年底过后，皇马、拜仁、多特蒙德、里昂和巴黎圣日耳曼等豪门相继被媒体曝出对姆巴佩有意。"在克莱蒙费朗看过他的比赛后，我提醒巴黎管理层，签下姆巴佩的机会可能就在眼前。"韦斯特洛珀说。当时，大巴黎 ① 时任足球总监奥利维耶·莱唐正雄心勃勃地施展他的五年计划，这位高管与姆巴佩一家进行了数次会谈。另一边，英超劲旅切尔西、曼联和利物浦也加入了抢人大战，而亨利的前东家阿森纳更是拿出了十足的诚意，他们的球探多次现身摩纳哥公国，枪手的"教父"温格甚至亲自前往巴黎游说姆巴佩的家人。

面对如此局面，摩纳哥俱乐部没有坐以待毙。一方面，他们暗中寻找能顶替姆巴佩的人选，尝试接触了雷恩俱乐部的奥斯曼–登贝莱，这位新星正好不太愿意与培养了自己的雷恩签下职业合同。另一方面，红白军团也没有放弃姆巴佩，与维尔弗里德夫妇频繁见面磋商，摩纳哥俱乐部副主席瓦季姆·瓦西里耶夫和技术总监克洛德·马克莱莱数次提高合同报价，据《尼斯晨报》透露，仅仅几周的时间，摩纳哥开出的签字费就从 100 万欧元涨到了

---

① 译注："大巴黎"是巴黎圣日曼俱乐部的昵称。

160 万欧元。但姆巴佩一家最关心的并不是钱，而是小姆巴佩的发展前景和在一队的上场时间能否得到保证。"正是出于这个原因，出价更高的巴黎和阿森纳没能签下姆巴佩，他们无法向他承诺首发位置。"一位跟踪报道过此事的记者表示。

最终，或许正是姆巴佩对特鲁瓦时的进球，改变了整件事情的走向。经此一战，已带过姆巴佩几堂训练课的雅尔丁，对弟子的潜力有了充分的信心，决定给他更多机会。2016 年 2 月 28 日，2015-16 赛季法甲第 28 轮，摩纳哥奔赴博茹瓦尔体育场挑战南特，雅尔丁让姆巴佩第一次在法甲比赛中首发出场，邦迪少年出现在右边锋位置上，和穆蒂尼奥、吉多·卡里略、勒马尔一起组成了球队的进攻箭头。此外，摩纳哥主帅还向姆巴佩承诺："跟着我，给我两年时间，你不会失望的。"

摩纳哥俱乐部的高层也在为留下姆巴佩而努力，体育总监路易斯·坎波斯和费扎长谈了一番，起到一锤定音的效果。坎波斯回忆："瓦里西耶夫让我接手姆巴佩的续约工作，一天，我在球队训练时碰到了基利安的妈妈。这就像是上帝的安排，我和她谈了 40 多分钟，给她分析了小球员去大俱乐部的利与弊。在巴黎和阿森纳，基利安在更衣室会碰到那些个性超强、自大至极的球员，没人会理他。那些大牌会问：'这孩子谁？'基利安暂时还不能去豪门，还得等一等。当某一天，他走进那些球队的更衣室，大牌队友们纷纷说'欢迎你，基利安，我们很喜欢你，也会好好照顾你'，这个时候，时机才成熟。"

2016 年 3 月 6 日，基利安·姆巴佩和摩纳哥俱乐部签下了人生中第一份职业合同。红白军团副主席瓦里西耶夫在俱乐部官网上发表声明，解读了这笔签约带来的积极意义："基利安得到许多豪门的青睐，但我们留住了他，

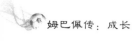
这也表明了我们的建队方向，摩纳哥欢迎年轻球员。同时，基利安的出彩也证明，摩纳哥的青训工作是卓有成效的。我深信，只要基利安努力训练，未来，他一定会成为一名才华盖世的球员。"

花钱不手软是摩纳哥得以留住姆巴佩的另一个原因。新合同的期限也是3年，签字费300万欧元。合同规定：第一年，姆巴佩的工资是8.5万欧元；后两年，他的薪水会逐年递增，分别有望达到10万欧元和12万欧元。摩纳哥俱乐部相信，在2015-16赛季余下的几个月里，姆巴佩会用球场上的精彩表现来回报他们的投入。

第八章　初露锋芒

2016 年 6 月的一天，摩纳哥俱乐部电视台的一位摄影记者调试好机器，等着第一时间给姆巴佩做"赛后"访谈。不过，这位记者所处的位置并非路易二世体育场的球员通道入口，而是一所国家教育考试中心的走廊，他的采访对象刚刚参加完 2016 年度法国高中毕业会考的一堂考试。红白军团的年轻射手穿着一件朴素的套头衫，背着一个黑色的双肩包，看上去和其他学生别无二致，在镜头前却无比放松。姆巴佩这天考的是哲学，该科目分数在他会考总成绩中所占的分值比重并不大，他没有因此而敷衍了事，在考场里奋笔疾书了三个多小时。记者让他谈谈考后心得，姆巴佩露出标志性的笑容，说："我选了第二个题目来展开论述，'我们能改变自己的信仰吗'，这题目和足球有点关系，足球可是我拿手的。"

事实上，考虑到姆巴佩在 2015-16 赛季末所收获的成绩，他更应写篇文章谈一谈"我们能认清自己的梦想吗"？

离高中毕业会考还有三周时，2015-16 赛季甘巴德拉杯决赛在法兰西大球场举行 ①，姆巴佩和摩纳哥 U19 梯队遭遇朗斯 U19 梯队。凭借姆巴佩的

① 译注：甘巴德拉杯是一项由法国足协组织的 U19 足球赛事，旨在为法国的优秀青年球员提供展示实力的舞台。该赛事的决赛通常在法兰西大球场举行，该球场是法国的国家体育场，位于巴黎市郊的塞纳 - 圣但尼省。

上佳发挥，红白军团的小斗士们赢下这场战役，登上法国青年足坛的最高领奖台。

由于姆巴佩已在该赛季中段一飞冲天、升入一队，他自然也没有全程参与甘巴德拉杯。决赛前，他的 U19 队友们一路高歌猛进，先后挑落了罗德兹、克莱蒙、梅斯和卡昂，姆巴佩本人则继续征战法甲赛场。2016 年 3 月 20 日，摩纳哥以 2∶0 客场击败巴黎圣日耳曼，此役，他第二次在法甲联赛中首发出场；4 月 10 日，摩纳哥客场挑战里尔，姆巴佩在这场比赛第四次为一线队出战，并送出个人在职业赛场的第二记助攻。

"半决赛前，基利安回到队里了，我们知道，他的加入会大大增强我们的实力，"姆巴佩的好友、留着一头时髦金发的伊尔文·卡多纳说，"他进了一队，但我们并没有因此而疏远，还经常通电话。我们都清楚，他已经踢了十场职业比赛，地位不同往日，心态却没有变，基利安依然会为朋友们倾尽全力。"

2016 年 4 月 23 日，甘巴德拉杯的一场半决赛在法国西部的弗朗西斯·勒布雷球场开打，摩纳哥像外界预期的那样客场战胜并淘汰了布雷斯特。但比赛过程中，红白军团的小伙子们踢得并不轻松，姆巴佩在要球时的跑位也出了点问题。这种情况并不叫人意外，因为姆巴佩赛前才匆匆归队，甚至都来不及与队友们再合练一次。"比赛前一天，基利安还在和一队训练，随后就接到通知去跟 U19 梯队会合，"跟踪报道了本届甘巴德拉杯赛事的皮加勒透露。但对布雷斯特 U19 梯队来说，姆巴佩的参赛显然不是什么好消息，"尽管我们在赛前准备时并没有强调姆巴佩的威胁，但我的队员们都打心底里怕他，"该队主帅埃里克·阿萨杜里安承认，"他在场上表现得比所有人都优秀，不断给我们制造麻烦，我们在和一个未来的职业球星过招。"

上半场临近结束时，姆巴佩在禁区内接队友直塞打球门远角得手，为摩纳哥先下一城。下半场，他的锋线搭档卡多纳再入一球，帮红白军团锁定胜局。

"我们可以去法兰西大球场了！我来自巴黎地区，去那儿踢球对我意义重大。我在法兰西大球场看过法国国家队比赛，还看过几场甘巴德拉杯决赛，"姆巴佩在半决赛后表示，"现在，还有一场决赛在等着我们，就像人们常说的那样，决赛不是用来踢的，而是用来赢的！"

决赛安排在 5 月 21 日，和法国杯决赛同天进行 ①，挡在红白青年军与冠军奖杯间的最后一个对手是朗斯 U19 梯队。姆巴佩在这场决战中大放异彩，兑现豪言，为摩纳哥第四次问鼎甘巴德拉杯立下汗马功劳。"数年来，我们有幸在甘巴德拉杯决赛中见证了许多天才的表演……但就算是本泽马或本·阿尔法，也没有踢出像姆巴佩这样的超高水准，"一位法国足协的官员表示，"在决赛中，球星们会背负很多期待，这份压力常常会让他们放不开手脚，姆巴佩没有这样的问题，因为他是外星人！"

决赛前，法国电视集团的老记者达尼埃尔·奥克莱尔在球员通道里做赛前采访，姆巴佩代表摩纳哥大方地走到镜头前。"当时那场面可真不多见，"达米安·谢德维尔笑着说，"法国电视台的老兵出了个大洋相，把姆巴佩错认成朗斯队长泰勒·穆尔。大多数年轻球员面对这种情况可能会不知所措，但姆巴佩不会。他没有皱眉，而是笑着纠正了奥克莱尔的错误，之后回答问题时也吐词清晰，十分得体。从这一幕就能看出，姆巴佩非常聪明，心态非

---

① 译注：甘巴德拉杯决赛通常会作为当赛季法国杯决赛的垫场赛，和后者安排在同一天、同一块场地上进行。

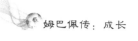

常好，远比同龄人成熟。"

姆巴佩的成熟不止体现在场下。比赛开始后，观众不多的法兰西大球场显得空空荡荡，而身穿红白战袍的姆巴佩似乎完全进入忘我状态。第29分钟，盯防他的朗斯球员不小心滑倒，姆巴佩抓住机会带球从中场突进，吸引了对手防线的注意力，给跑入禁区的卡多纳送出直塞，后者不停球用左脚打了一记精妙的吊射破门，摩纳哥以1：0领先，这个进球是才华与默契共同作用的结果。后来，卡多纳在2017-18赛季被租借到比甲的色格拉布鲁日俱乐部，暂别法国赛场，这位射手承认："事实上，有了基利安，比赛就会很轻松。我不知道自己还有没有机会和他一起踢球，但他绝对是在场上和我最有默契的人。"

下半场，卡多纳亲眼见证好友首度在法兰西大球场上演梅开二度的好戏。第47分钟，卡多纳在中圈附近脚后磕球给格万·托曼，后者顺势把球做向前场，姆巴佩大步流星地摆脱防守人，追上皮球，冷静地用右脚推射破网，场上比分变成2：0。伤停补时第2分钟，姆巴佩在禁区内拿球摆脱，过掉四名绝望的朗斯球员，抽出一记爆射，皮球击中立柱后弹入网窝，摩纳哥以3：0锁定胜局。

颁奖仪式结束后，姆巴佩开心地表示："我现在非常开心，和在法甲进第一个球后一样开心，两者带给我的欢乐是一样多的。唯一不同的是，这次，我帮到了队友，帮到了朋友，帮他们赢下一座冠军奖杯。"

夺冠当晚，摩纳哥俱乐部就在巴黎开始庆祝。"那时，基利安在那班孩子中已经有一定地位了，"一位内部人士透露，"大家没有把他当成王子来对待，但他确实享有一些特权。赛后，他先和父母回了一趟家，稍晚才赶到一家餐馆与我们会合，那餐馆同时也是一家夜总会。大多数队员之前并没怎么出去玩过，因此有些害羞，但姆巴佩非常放得开，特别是在和女孩搭讪时，就像他在场上一样自如，你能感觉得出来，基利安天生就是那么放松和自信。"

对摩纳哥这批青年才俊里的大多数人来说，这一晚的狂欢是整个赛季的高潮和尾声，接下来，他们可以好好地享受假期生活。这里的"大多数人"并不包括姆巴佩，因为他从来都不随大流。

2015-16 赛后半程，姆巴佩虽在俱乐部层面过得顺风顺水，却没能解决一个长期存在于他和法国国字号球队间的问题。2013 年，姆巴佩没有为 U16 国青队踢过任何一场正式比赛；2014 年，他只在 9 月份的时候代表 U17 国青队与乌克兰踢了两场比赛；自此之后，姆巴佩跟国青队基本无缘，直到 2016 年 1 月，他才收到 U18 国青队的征召，但一种罕见的疾病（睾丸扭转）让他未能随队出征第 42 届大西洋杯青年足球赛 [1]。姆巴佩虽身手不凡，与时任 U18 国青主帅让 - 克洛德·琼蒂尼却总是难有合作机会 [2]，这位教练会怎么看他呢？会不会直接把他定义成"可有可无"的角色球员？琼蒂尼本人拒绝就此发表更多看法，有人则认为："和之前的几位教练一样，琼蒂尼受不了基利安的性格。这孩子很自信，但在克莱枫丹学院和摩纳哥，拉法尔格跟伊尔勒都把他的种种行为视作自大的表现。但是，看看伊布拉希莫维奇，看看 C 罗，想成为顶级球员，你就得自信满满！"

"2013 年，我当时和基利安都在摩纳哥，琼蒂尼正筹备给国青队选拔人才，并通过电话向我咨询一些球员的情况。显而易见，他不是太喜欢基利

---

① 译注：大西洋杯青年足球赛是一项在西班牙加那利群岛举行的 U19 青年足球赛事。
② 译注：从 2013 年到 2016 年，琼蒂尼先后出任过法国 U16、U17 和 U18 国青队的主教练，其间，姆巴佩几乎没入选过他执教的这几支队伍。

安，"伊尔勒说，"此外，我们也不能忘记 2010 年南非世界杯带给法国足球的伤痛，经过那件（国家队将帅失和及罢训的）丑闻后，教练员们开始反思，认为（组建球队时）天赋并不是一切，团队建设和球员的行为举止同样很重要。"

2015 年，姆巴佩没能入选参加保加利亚 U17 欧青赛并成功夺冠的那支法国国青队，琼蒂尼在锋线上选择倚仗来自巴黎圣日耳曼的欧德桑·爱德华，这位前锋在那届赛事上一人包办八个进球，包括决赛中的帽子戏法。"如果基利安也去了（保加利亚）的话，我们的实力会更强一点，尽管队里已经有不少进攻好手了，但他的落选依然让大伙感到意外，"那支 U17 国青的队长蒂莫泰·科尼亚说，"而更让我们意外的是，这家伙竟然跳级跟 U19 踢比赛去了。"

不入琼蒂尼法眼的姆巴佩在 U19 国青队找到了位置。当时，由于登贝莱上调 U21 国青队，U19 国青主帅卢多维克·巴特利正在物色新的边锋人选。这位教练没有被外界的种种言论干扰，在 2016 年 3 月把姆巴佩招至麾下，备战当年 U19 欧青赛预选赛第二阶段的比赛。事实证明，巴特利下了一步好棋，姆巴佩很快就被队里的"老"队员们接受，并成为场上不可或缺之人：2016 年 3 月 24 日，法国 U19 国青在首战中 1∶0 轻取黑山 U19 国青，他首发出场；3 月 26 日，高卢青年军迎战第二个对手丹麦 U19 国青，姆巴佩在开场后第 9 分钟利用角球机会首开纪录，助球队以 4∶0 大胜对手；三天后，他又在对塞尔维亚 U19 国青一役中，打入全场唯一进球，把法国队送进欧青赛正赛。"基利安比有些队友小了快两岁，却出奇地老练和成熟，"巴特利回忆道，"他适应得很快，表现得不像一个刚进队的小弟弟，而是一个出色的球员，一个更衣室里的老伙计。"

那支 U19 国青的队长卢卡斯·图萨尔认可主帅的观点："尽管基利安年纪尚小，但他迅速跟上了我们的节奏，迅速融入了集体，我们很快就意识到，他能在后面的比赛中帮到球队。"

2016 年 7 月 12 日到 24 日，法国 U19 国青队赴德国参加欧青赛，姆巴佩再立新功。"他在场上做了很多不可思议的尝试，比如说：用一个简单的假动作把防守人晃倒，用脚后跟挑球彩虹过人等等，"谢德维尔说，"他在小组赛中发挥了重要作用，对克罗地亚时打进了非常精彩的一个球，对荷兰时又收获两个关键进球，那场我们赢了个 5：1。"7 月 21 日，法国 U19 国青在半决赛对上葡萄牙 U19 国青，姆巴佩状态正火，力保球队过关。上半场第三分钟，葡萄牙率先进球，但六分钟后，摩纳哥边锋就做出回应，从左路带球突入禁区后回敲门前，包抄到位的卢多维克·布拉斯一蹴而就，把两队拉回同一起跑线。下半场，姆巴佩在第 67 和 75 分钟连下两城，将比分锁定为 3：1。"通过这比赛，姆巴佩告诉那些质疑者，他的前途是不可限量的。"《摩纳哥晨报》记者皮加勒说评论道。7 月 24 日，法国青年军在决赛里击败了意大利 U19 国青队，夺得欧青赛冠军。此役，姆巴佩没有进球入账，伊萨·迪奥普、图萨尔、布拉斯和让－凯文·奥古斯丁分别为法国队建功，奥古斯丁还以六个进球荣膺赛会最佳射手。

这点小遗憾并不会影响姆巴佩的心情，他的 2015-16 赛季已经足够成功了。数项"最年轻"纪录、一份职业合同、一个甘巴德拉杯冠军、一个欧青赛冠军，姆巴佩在各条战线全面告捷，除了高中毕业会考，他 6 月时没有拿够分数，直到 9 月才补试过关。这个小插曲也说明，就算你像姆巴佩一样厉害，也并不总是能一次就把事情做好。

第九章　两份声明

2016 年 4 月 25 日，基利安·姆巴佩说："我在摩纳哥过得很开心，我从主教练雅尔丁那儿学到了很多东西，我身边有很多出色的球员，他们鼓励指导我，并帮助我成长。对一个像我这样的年轻球员来说，摩纳哥宛如天堂。"

2016 年 10 月 13 日，维尔弗里德·姆巴佩说："我不是夸自己儿子有多厉害，但俱乐部对基利安的使用确实让我们难以理解，因为他们曾经答应过会让他进入轮换阵容，如果他们没说过这番话，那基利安也不会留在这儿。虽然他在欧青赛上表现得非常棒，但我们并不期望他坐稳首发，我们不傻！但我们觉得，基利安不应该是前锋位置上的第六号人选，如果他们这么认为的话，那我们还不如去一家大球会。"

仅仅半年时间，姆巴佩一家的口风来了个一百八十度的大转弯，仿佛要把刚刚出航驶向地中海的帆船重新吹回岸边，维尔弗里德甚至公开质疑球队的用人选择，这中间到底发生了什么呢？

出征欧青赛让姆巴佩错过了假期，但决赛结束后，他居然只想尽快回到摩纳哥一线队的训练中，因为 2016 年 7 月底到 8 月初，红白军团有两回合欧冠资格赛要踢。"（我们）击败意大利后，大伙叫基利安一块出去玩，去庆祝胜利，但他只想着一件事，那就是赶紧回酒店放松恢复，以便迅速调整好

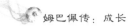

状态，迎接新赛季。"一位法国国青队内部人士透露。

姆巴佩太想上场踢比赛了，以至于摩纳哥俱乐部不得不强制他休了一个星期假。

等到姆巴佩重回训练场时，摩纳哥已经淘汰土耳其球队费内巴切，成功闯入欧冠资格赛附加赛。2016 年 8 月 12 日，2016-17 赛季法甲首轮，摩纳哥坐镇路易二世体育场迎战甘冈。此役，由于法尔考、瓦格纳·洛维和瓦里尔·热尔曼等人缺阵，邦迪小子得以进入首发阵容，在比赛临近开始时和吉多·卡里略一起站上开球点，也第一次穿着 29 号球衣亮相职业赛场，他之所以选择这个号码，是为了纪念弟弟埃唐的生日 ①。但不幸的是，这个看似美妙的夏夜却有着噩梦般的结局。

上半场，甘冈反客为主，两度破门，以 2：0 领先。但姆巴佩没有放弃战斗，在前场拼得很凶，第 40 分钟，他跳起和甘冈后卫克里斯托夫·凯尔布拉争顶，两人的头撞在一起，姆巴佩受伤倒地，显得非常痛苦。随后，他被贝尔纳多·席尔瓦替换下场，紧急送往医院。当晚，姆巴佩被诊断出有脑震荡迹象，需要观察三周，静养一个月。

"赛季伊始，对基利安来说，这次受伤显然是个打击，"姆巴佩家的一位亲戚说，"因为他真的很想把好状态和好势头保持下去，他很好强，很想踢比赛，静养数周真的非常难熬。"

更糟糕的是，姆巴佩的缺阵好像并没有影响到摩纳哥的战斗力。他们在首轮比赛最终以 2：2 逼平甘冈，接下来的三轮联赛，红白军团一路高奏凯歌：客场以 1：0 小胜南特，主场以 3：1 把坐拥恐怖三叉戟——迪玛利亚、

---

① 译注：埃唐·姆巴佩生于 2006 年 12 月 29 日。

卡瓦尼和小卢卡斯——的夺冠大热门巴黎圣日耳曼拉下马，客场以 4：1 大胜里尔。在欧冠资格赛附加赛中，摩纳哥也展现了上赛季法甲季军的实力，通过两回合的较量以 3：1 淘汰西甲球队比利亚雷亚尔，晋级欧冠正赛。

姆巴佩于 2016 年 9 月 10 日伤愈复出，随预备队踢了一场法丙比赛——这是长期休战的年轻球员重归赛场时的标准流程。他又和那班同夺甘巴德拉杯的队友们重聚，出场 60 分钟，用脚后跟献上一记助攻，帮摩纳哥预备队以 5：1 轻取波扬 - 佩兹纳斯之星。随后那一周，摩纳哥将在欧冠小组赛中客场对阵托特纳姆热刺，姆巴佩期待着自己能回到一线队并出战这场比赛。

"姆巴佩复出后在预备队踢得还算可以，回归一队似乎是顺理成章的事情，但三天后，他失望了。"一位记者说。奔赴伦敦前，红白军团和往常一样结束了在拉蒂尔比基地的最后一练，公布比赛大名单。雅尔丁准备带 21 名球员远征白鹿巷，但令姆巴佩的亲友感到震惊的是，姆巴佩并不在这 21 人之列。摩纳哥主帅在锋线上选择了法尔考、吉多·卡里略、热尔曼以及年轻的科朗坦·让。

"基利安很难受，"姆巴佩家的一位友人说，"去不了伦敦踢欧冠首战，他真的非常失望。"这种描述还是比较委婉的，据某些知情人士透露，大名单公布后，姆巴佩瞬间痛哭流涕，甚至消失了好几个小时。他心情苦闷，不理解主帅为何要这样做：雅尔丁怎么就会忽视自己，转而提拔科朗坦·让呢？要知道，这名球员的实力并不强，他 2015-16 赛季被租借去了弱旅特鲁瓦，在 2016-17 赛季初也没有获得什么上场机会。"事后看来，那份名单可以说是让人跌破眼镜，"一位摩纳哥球迷说，"我们会不由自主地去揣测主帅的选人动机，他究竟是出于纯竞技层面的考虑，想要保护一位刚刚伤愈的

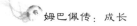

球员，还是不爽姆巴佩父母在上赛季合同谈判时的强硬态度，想要通过此举来拿回对话的主动权？这个问题只有雅尔丁本人知道答案，但我很确定，他可不是第一次做类似的事情。两年前，在对南特的一场比赛中，雅尔丁先是把马夏尔给替换上场，几分钟后又把他给换了下来。"

无论雅尔丁心中作何打算，不可否认的是，接下来几周，情况并无好转。在摩纳哥对阵雷恩、尼斯和昂热的比赛中，姆巴佩均进入了大名单，但雅尔丁一分钟都没让他上。来自邦迪的天才边锋枯坐板凳席，眼巴巴地等着教练给出指示。2016 年 9 月 27 日，2016-17 赛季欧冠小组赛第二轮，摩纳哥主场迎战勒沃库森，姆巴佩替补上场 13 分钟，没有进球和助攻入账，但这算得上一丝照进黑暗日子的微光。四天后，他又在摩纳哥对阵梅斯的法甲比赛中得到八分钟时间，并助攻加布里埃尔·波斯奇利亚打进一球。

8 月份 41 分钟，9 月份 21 分钟，即便考虑到伤停因素，姆巴佩在开季后前两个月的出场时间依然有些少得可怜，他的家人坐不住了，在国际足球比赛日间歇期通过媒体进行施压。2016 年 10 月 13 日，维尔弗里德接受《队报》采访，公开指责摩纳哥俱乐部让姆巴佩坐冷板凳，并明确表示可能会为儿子寻求转会，他说："面对眼下这种情况，基利安很不开心，这你能从过去几周他脸上的表情读出来。我知道，这种情况让俱乐部也很难办，但基利安并没有因为不开心就不好好训练。他渴望比赛，但同时我们也要意识到，他就是一个好强的斗士。有些人会说，基利安才 17 岁，不要那么着急，但这和急不急没有关系，因为俱乐部答应过让他上场的。基利安这年纪需要上场去锻炼，因此，冬窗的时候，我们会好好考虑的。"

姆巴佩的家人又一次找上摩纳哥管理层，决意督促他们履行先前许下的承诺，以维护姆巴佩的利益。"基利安的爸爸发声了，这并不叫人意外，"一位记者透露，"这一家人很强势，在需要为基利安争取权益时，他们从不会往后站。对俱乐部来说，（维尔）那份声明可不算友好，通常说来，管理层不喜欢球员身边的人过多插手球员事务，老队员也不会喜欢对主帅口无遮拦的小球员家长。但这一次，摩纳哥方面没有回击维尔弗里德，因为他们见识过基利安在训练中展现出的才华，也明白他是凭真本事进入首发阵容的。"

此外，如果摩纳哥的管理层不愿留住姆巴佩，那这位 U19 欧青赛的小明星还真的不愁去处。巴塞罗那在 2016 年 8 月询问过有无买走姆巴佩的可能，曼城则直接开出了 4000 万欧元的转会报价，瓜迪奥拉诚意满满，但摩纳哥抵挡住了金元的诱惑。2016 年 10 月，德国俱乐部 RB 莱比锡也闻讯前来，想通过他们的足球总监拉尔夫·朗尼克这层关系挖走姆巴佩。朗尼克后来回忆："我和基利安的爸爸关系非常好，我们很合拍，彼此信任。当时，维尔跟我说，如果我能保证自己会成为 RB 莱比锡的下任主帅，那他就会把儿子交给我，因为他对我有信心。"

但这三家俱乐部都未能从摩纳哥手中抢走法国足球未来的巨星。维尔弗里德的发言见报 24 小时后，姆巴佩又开始了自己的前排看球之旅。2016 年 10 月 15 日，法甲第九轮，摩纳哥客战图卢兹，雅尔丁带上了 29 号边锋，但在首发阵容中派出的锋线组合是卡里略和热尔曼，姆巴佩在场边坐满 90 分钟，眼睁睁地看着球队以 1∶3 输掉比赛。雅尔丁似乎是在惩罚弟子，第二天，姆巴佩还被下放至预备队踢法丙联赛，这种待遇可不太好受。但姆巴佩没有像父亲那样大发议论，而是在场上用行动作出回应——他在对阵莱蓬特一役中踢满全场，打进两球，帮助摩纳哥预备队以 3∶1 客场带走胜利。

第十章　翻身之战

2016 年 10 月 21 日，星期五，路易二世体育场，基利安·姆巴佩穿着红白色的摩纳哥球衣，头剃得很光，双手高举，食指朝天，表情平静，眼睛紧盯看台。这画面已经说明了一切——他用 90 分钟的时间一展绝世才华，告诉观众天空似乎才是他的极限；他不需要再表现得像个犯了错的孩子一样，也隐隐感觉到这一晚或许就是自己赛季的转折点。

"基利安有那种不同寻常的能力，总是能在关键时刻给出最好的表现，"范范·叙纳尔说，"他打小就这样，长大后也没变。"维尔弗里德此前的话让姆巴佩成为媒体议论的焦点，面对压力，邦迪少年没有退缩。2016-17 赛季法甲第十轮，摩纳哥主场迎来蒙彼利埃，开赛前不久，姆巴佩得知自己将第二次在法甲首发出场。他明白，这场比赛非常重要。

"雅尔丁教练认为是时候再给基利安一次机会了，"一位摩纳哥俱乐部内部人士透露，"雅尔丁很满意他上个周末在预备队比赛中表现出的态度，之后，球队在周中的欧冠小组赛客场以 1：1 艰难打平莫斯科中央陆军，基利安替补上场，踢得也很不错。赛程渐紧，雅尔丁在前场需要更多人手，是时候看看基利安的的真本事了。"

姆巴佩雄赳赳地走出球员通道，和队长法尔考一起顶上锋线。"我们对那场比赛充满期待，"摩纳哥死忠球迷团体"Ultras Monaco 94"的成员扬尼克表示，"我们早就知道基利安的名字了，他上赛季末表现得很棒，因此我们搞不懂为何他出场不多。得知基利安将再次首发时，我们可高兴坏了。我整场都盯着他，我没有失望。"

比赛第九分钟，蒙彼利埃率先破门，但两分钟后，姆巴佩就吹响反攻号角，沿左路高速下底传中，近角的贝尔纳多·席尔瓦头球攻门，稍稍偏出。这次进攻未能帮主队扳平比分，但增强了姆巴佩的信心，也给后面的剧情做好铺垫。第20分钟，年轻的摩纳哥29号卷土重来，但他的抽射被对手门将封堵。第35分钟，姆巴佩的努力终于收到回报，他带球从左肋杀入禁区，然后被蒙彼利埃球员放倒，主裁判吹哨并指向12码，摩纳哥获得点球！法尔考骗过守门员，把球稳稳罚中，比分变成1：1。

好戏才刚刚开始。易边再战，第49分钟，贝尔纳多·席尔瓦右路起球，姆巴佩甩开防守人，冲向远角，头槌攻门，皮球擦着立柱飞进网窝。"在训练中，我和基利安吵过好几次，我要求他练头球，这项技术是他的短板，我经常会笑他头球不行。对蒙彼利埃那场比赛，基利安做了正确的选择，这就是好球员。"巴里拉罗后来评论道。第74分钟，姆巴佩左路精准传中，热尔曼头球一蹭，破门得分；第76分钟，姆巴佩再次从左路把球吊入禁区，蒙彼利埃球员解围不远，勒马尔趁乱再下一城。"是的，比赛结束后，看台上的球迷都在讨论基利安。我们以6：2大胜对手，他独造四球，可以说是出尽风头。"扬尼克兴奋地说。

赛后，各路记者在体育场走廊里细细回味姆巴佩的表现，有人喜欢他的全能身手，有人赞叹他的团队精神，还有人邀请雅尔丁点评一下弟子，摩纳哥主帅说："你说姆巴佩？他是一个有能力的年轻球员，我为他感到开心，对他来说，蒙彼利埃是个理想的对手，他们在后场留出了很多空间，这很适合他发挥自己的特点。基利安依然需要努力训练，而我们也制定了计划来帮助队里的好苗子提高水平。"姆巴佩本人又是怎么想的呢？看到记者争相递上话筒，他开怀大笑，显得如释重负："主教练给我了机会，我觉得自己也抓住了机会，我很开心。踢不上球的滋味很不好受，因为我好胜心很强。但我也知道，自己在为一支伟大的球队效力，与一帮优秀的队友共事。我来这儿是为了学习和提高，我下了很多功夫来学习听取队友们的建议。"

姆巴佩准确地分析了他赛前的微妙处境，以及这场比赛对自己的意义。记者们惊喜地发现，姆巴佩不仅仅球踢得好，声音也很好听，逻辑更清晰得不像一个 17 岁的孩子。未来，他肯定会成为一个受媒体欢迎的明星。"我之前就已经跟了基利安一年多，因此早就习惯了，但那天晚上，我的一些同行真的被他成熟的谈吐惊得够呛，"皮加勒说，"如果你场上踢得好，场下也谈笑风生，那可是会加分不少啊。"

皮加勒给姆巴佩那场的表现打 8 分（满分 10 分），认为他压过了贝尔纳多·席尔瓦和勒马尔，是全场最佳球员。皮加勒说："基利安在那场比赛中展现了超强的天赋，他回到最喜欢的左路，踢得如鱼得水，每一次加速都能制造出威胁。"两天后，《摩纳哥晨报》用了一整个版面撰文夸奖红白军团的年轻边锋，并打出醒目的标题——"震撼人心，姆巴佩"。文章最后几段写到，巴里拉罗被问了两个问题：姆巴佩能达到怎样的高度？姆巴佩最适合踢哪个位置？这位青训教练回答："我们不知道他能达到怎样的高度，但他最适合的位置就是左路，在那儿，他想干什么就干什么，可以传中，可以过人，也可以射门。他双足平衡，相比于刚出道时，他的能力也进步了很多。他有许多惊人的特质，控球技术尤为出色。"

　　姆巴佩这一晚的表演也打动了摩纳哥的其他队员。由于之前已经相处了比较长的时间，队友们很清楚姆巴佩的技术水平，对蒙彼利埃的比赛则让他们看到，这个年轻人有很好的心态，也愿意抓住一切可能的机会，为自己在队中赢得一席之地。"我们知道，从赛季一开始，基利安就很想上场比赛，"热尔曼在赛后表示，"我们希望，这场比赛只是个开始，后面他能得到更多出场机会。我们队的锋线上有不少好球员，竞争不小，而这对球队是有好处的。"

　　一场比赛的爆发，显然还不足以让摩纳哥的"小淘气"①锁定首发位置，但已经帮他在竞争中攒了不少分数。"如果你了解基利安，你就不会奇怪为何他从不在关键时刻掉链子，"姆巴佩家的一位亲戚表示，"他不仅仅天赋出众，还有异于常人的自信心。多少球员会在压力面前崩溃，多少球员会担心自己兑现不了对外界的承诺，但基利安不会！他从不质疑自己的能力！这就是他如此优秀的原因。他有能力，有志气，心里还有一团不灭的火。"

　　姆巴佩的好状态会一直延续到年末，这场比赛后，他人气看涨，只要他的名字出现在比赛名单中，就会引来无数人的关注。从战罢蒙彼利埃到圣诞假期前，姆巴佩又在另外四轮法甲比赛中首发出场，收获1个进球和2次助攻，在雅尔丁让他替补上场时也能做出贡献。11月5日，摩纳哥主场迎战南锡，姆巴佩在比赛第64分钟替下热尔曼，第65分首次触球就破门得分，终场哨响前还助攻吉多·卡里略打进一球，帮球队拿下一场6：0的大胜。"事实上，基利安只要出场，就能有所表现，"扬尼克说，"球队前场的竞争很激

---

　　① 译注："小淘气"是摩纳哥的老队员们给姆巴佩起的外号，来源于一部名为《淘气小兵兵》的美国动画片，该片的主角是一帮喜欢幻想的小婴儿。

烈，但他没有怂，也渐渐成为球迷最喜爱的球员。"

姆巴佩的人气还在飙升。2016年12月14日，法国联赛杯八分之一决赛，摩纳哥对上雷恩，姆巴佩在此役闪耀全场。第11分钟，他沿左路大步冲刺，单刀赴会建功；第20分钟，纳比尔·迪拉尔右路断球后下底传中，姆巴佩后点包抄再下一城；第62分钟，他禁区内接穆蒂尼奥传球后左脚推射破门。1个小时，3个进球，17岁零11个月24天，姆巴佩又刷新一项纪录，成为摩纳哥队史上最年轻的"戴帽"球员。他赛后在场边接受采访时表示："我在很多比赛中都打进过两个球，但进三个球还是第一次。"几天后，姆巴佩又对着法国电视台的摄像机镜头透露了更多信息："没错，球员必须用足球说话，我在这场联赛杯比赛中表现得很给力。我每天起床后都会为了变得更好而努力，为了赢得奖杯而努力，只有做到这些，你才能让别人记住你。这是我追求的目标，我想和摩纳哥一起拿下很多冠军。"

2016年12月21日，姆巴佩在全年最后一场比赛中献上个人赛季第五记助攻，帮球队以2-1拿下卡昂。这是一份绝佳的生日礼物，赛前一天，他刚刚年满18岁。赛季下半程，姆巴佩将在摩纳哥队中扮演更加重要的角色。

第十一章　扬名欧陆

詹姆斯·罗布森，供职《曼彻斯特晚报》十余年，在瓜迪奥拉挂帅曼城后成为蓝月军团①的跟队记者。迭戈·托雷斯，西班牙《国家报》知名记者，常年跟踪报道皇马的新闻。马蒂亚斯·德施，长期为德国《踢球者》杂志供稿，经常现身多特蒙德主场伊杜纳信号公园。吉多·瓦恰戈，意大利《都灵体育报》主编，跟随尤文图斯走遍了亚平宁半岛和欧洲。2016-17 赛季下半程，这四位名记将会遇上姆巴佩，并见证他扬威欧洲赛场。

2017 年 2 月 21 日星期二，2016-17 赛季欧洲冠军联赛八分之一决赛首回合，摩纳哥做客伊蒂哈德球场挑战夺冠热门曼城。"抽签结果出来后，我们认为自己拿到了上上签，从纸面实力来说，摩纳哥应该是小组排名第一的球队中最好打的②，"罗布森说，"我们对这支球队有一些了解，但说实话，我们对姆巴佩一无所知。德布劳内甚至在新闻发布会上坦言此前从未听说过姆巴佩。而我自己，就算是在街上碰到姆巴佩，我也认不出来。客观地说，他在之前的小组赛中踢得非常少，可我仔细研究后发现，他的状态

① 译注：蓝月军团是曼城俱乐部的昵称。
② 译注：那个赛季的欧冠小组赛结束后，曼城排名 C 组第二，根据规则，他们在八分之一决赛中只会碰到其他小组排名第一的球队。

很棒。"

姆巴佩确实把火热的状态带到新的一年。他在与阿雅克肖及尚布利的法国杯比赛中均打满全场，打进 1 球，助攻 2 次。进入 2 月后，姆巴佩更是开足了马力，在法甲第 24 轮对阵蒙彼利埃一役中回归首发阵容①，在第 25 轮摩纳哥以 5∶0 大胜梅斯的比赛中上演帽子戏法。因此，雅尔丁敢于在面对曼城时排出一套颇具攻击性的阵型，让姆巴佩搭档法尔考出任双前锋，这也是邦迪小子第一次在欧冠中首发出场。罗布森说："英国的记者根本想不到姆巴佩会首发，但他们很快就被他征服了。"

比赛上半场，曼城的后卫们累得够呛，姆巴佩的每次拿球换挡起速，都让奥塔门迪和约翰·斯通斯无比狼狈。第 40 分钟，摩纳哥获得任意球机会，队友从中线附近把球开向曼城禁区，姆巴佩心领神会，快速前插后不停球一脚爆射，打破门将卡瓦列罗的十指关，让客队带着 2∶1 的领先优势进入中场休息。罗布森说："最后，曼城以 5∶3 获胜，但摩纳哥的失利掩盖不了姆巴佩的出色发挥。那一晚，我们终于明白，为何瓜迪奥拉愿意在 2016 年夏天开出 4000 万欧元，去询价一个在英格兰毫无知名度的球员。"

瓜迪奥拉有一双识才慧眼。3 月 15 日，两队移师路易二世体育场，进行欧冠八分之一决赛次回合的较量，瓜帅的眼光得到进一步的印证。由于首回合两球落败，摩纳哥若想晋级，就要在这场比赛中尽力抹平分差，第七分钟，姆巴佩小禁区内接贝尔纳多·席尔瓦低平传中垫射破门，让主队收获完美开局。罗布森说："首回合，他已经把名字写入史册，成为第二年轻的在欧冠中进球的法国球员，次回合的生死战，他又进球了。全英国的媒体都把他

---

① 译注：姆巴佩在 2016-17 赛季法甲联赛第 20 到 23 轮均是替补出场。

看作新亨利。"第 29 分钟，门迪套边接勒马尔分球下底传中，法比尼奥后排插上推射建功，这一次，姆巴佩没有进球和助攻入账，但正是他通过盘带策动了这波攻势。最终，摩纳哥和曼城打成 3∶1，双方两回合总比分为 6∶6，红白军团凭借客场进球多的优势淘汰对手，闯入八强。"当然，姆巴佩不是单枪匹马击败了曼城，但在我看来，他是两回合比赛中表现最好的球员。"罗布森总结道。

好事成双，3 月 16 日，姆巴佩获悉自己入选新一期的法国国家队集训名单。他跳过了 U21 国青队，直接被国家队主帅德尚相中，将参加 3 月底的两场重要国际赛事，一场是 2018 俄罗斯世界杯的欧洲区预选赛，另一场是在法兰西大球场与西班牙队的友谊赛。迭戈·托雷斯和许多人一样，通过社交媒体读到姆巴佩在国家队的一系列消息：他坐着母亲费扎的车到达克莱枫丹学院，他参加了法国队集结后的第一次聚餐……"我们在西班牙也看到、听到他对曼城的神勇表现，"托雷斯说，"一些专家说，姆巴佩做到了之前只有马拉多纳能做到的事情，他们一致认为，姆巴佩是近 30 年来天赋最好的年轻球员。"

2017 年 3 月 25 日，法国队在世预赛中以 3∶1 轻取卢森堡队，姆巴佩于此役第 78 分钟替补佩耶出场，完成国家队首秀。三天后，他又首发出战与西班牙的比赛。这场友谊赛很有看点，法国队实力强劲，西班牙队是 2010 年的世界杯冠军，双方的交手让人充满期待，而姆巴佩也得到在家乡父老面前一展身手的机会。但比赛的结果并不理想，"法国队一心防守，进攻球员很难有所发挥，他们也以 0∶2 输给斗牛士军团。尽管球队的表现不是太好，但姆巴佩堪称法国队唯一的亮点，他出场了 60 分钟，踢出了自己的特点，每次拿球都能弄出一点动静。我曾在《瞪羚与黑豹》一文点评过姆巴佩，而他用场上表现证明我说得没错，我认为他就是完美的现代前锋，因为他从出道起就有齐达内和本泽马的技术，还有亨利和埃托奥的机动迅捷，他是唯一一个这种类型的球员。当初，我这种观点可能还是比较大胆的，但我们很快就看到了，姆巴佩是一个独一无二的球员。"迭戈·托雷斯说。

从国家队归来后，姆巴佩继续在欧冠赛场上过关斩将，下一个倒在他面前的对手来自德国。2017 年 4 月 12 日，欧冠四分之一决赛首回合，摩纳哥客场挑战多特蒙德，姆巴佩与好友登贝莱重逢，也见识了伊杜纳信号公园球场著名的"黄色长城"①。他没有被大黄蜂②主场球迷的气势吓倒，在上下半场各入一球，表现完美，助球队以 3：2 取胜。但姆巴佩的首个欧战"双响炮"并没有受到太多关注，因为赛前一天场外发生了一起惨剧，多特蒙德的球队大巴在从酒店驶向球场的途中遭到炸弹袭击，后卫巴尔特拉的手腕被车窗碎片划伤。事后调查发现，一名德俄混血的多特蒙德球迷预先将炸弹安置于路边，并在大巴经过时远程遥控引爆。"那一晚，我们离灾难那么近，"德施略显激动地回忆道，"那场八分之一决赛被延期到第二天进行，但球员、球迷和记者们的心思根本不在比赛上，我们离一场全国性的灾难是那么的近。"

姆巴佩在赛后表示："客场胜利很重要，我们很高兴，但我们更多的是为场外的事情感到难过。爆炸发生后，我立刻给登贝莱打去电话，告诉他我们

---

① 译注："黄色长城"指多特蒙德俱乐部主场伊杜纳信号公园球场南看台上的球迷方阵。这片看台可容纳 25000 人，每逢比赛日，大批多特蒙德死忠球迷会身着黄色球衣聚集于此，发出山呼海啸般的呐喊，为主队加油助威，让客队球员不寒而栗，"黄色长城"的存在，是伊杜纳信号公园成为全欧最恐怖主场之一的重要原因。

② 译注：大黄蜂是多特蒙德俱乐部的昵称。

和他同在，和巴尔特拉同在，和所有的多特蒙德球员同在。"

姆巴佩的发言让多特蒙德球迷很受用，这也进一步提升了他的人气。德国球迷开始渐渐认识这个 18 岁的少年，他如此的才华横溢，又如此的老练成熟。"之前，我们并没有太关注姆巴佩，但比赛开始后，我们看到了他的表演，"德施说，"他在首回合简直是无所不能，赢得一个点球（被法比尼奥罚丢），多次射门，进了两个球。第一个球，他是用膝盖进的，这球他其实先越位了。第二个球进得非常漂亮，他断球过掉后卫，单刀面对比尔基——他年纪轻轻，但真的冷静——不慌不忙地进入射程，用右脚打球门上角，比尔基只能望球兴叹。这个球有传奇球星的味道。"

姆巴佩打进第二球后在草坪上滑跪庆祝，并首次亮出那个日后会被世人所熟知的标志性动作——自信满满地抬头，双手交叉抱胸。"这动作没什么特别含义。一天，我和我弟弟在 PS 上打游戏，他进了个球，就这样庆祝（双手交叉抱胸）。五分钟后，他放下手柄对我说：'姆巴佩，你在比赛里也可以做这个动作啊。'我回答：'你想让我学你吗？好吧，我会试试的。'我就在对多特的比赛中进球，所以就做了这个动作，我弟弟很开心。我跟他说：'我偷了你的动作，现在，它归我啦！'"姆巴佩在接受贝因体育频道采访时表示。

4 月 19 日，欧冠四分之一决赛次回合，摩纳哥和多特蒙德交换主客场后再战。开场仅三分钟，门迪禁区外大力施射被比尔基挡出，姆巴佩门前机警地补射得分，再次为红白军团先下一城，也再次做出双手交叉抱胸的庆祝动作。之后，法尔考和热尔曼各进一球，摩纳哥最终以 3：1 拿下比赛，总比分以 6：3 淘汰对手，晋级四强。

姆巴佩的首次欧战之旅在 2017 年 5 月初结束，他没能闯入在加的夫千年球场举行的欧冠决赛，而他的偶像 C 罗将率皇马拿下队史第 12 座欧冠冠

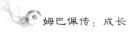

军奖杯。但姆巴佩其实已为决赛门票拼尽一切，怎奈摩纳哥的对手尤文图斯实在是过于强大。瓦恰戈说："我们听到、读到很多关于姆巴佩的消息，我们非常期待看到他的表现。"2017年5月3日，欧冠半决赛首回合，意大利球迷的机会来了。赛前，姆巴佩牵着弟弟兼球童埃唐走出球员通道，在路易二世体育场列队。开场后第12分钟，他头槌攻门但顶得太轻，布冯轻松将球没收；第16分钟，他反击中门前抢点垫射，布冯再次将球挡出。除了这两次射门，姆巴佩本场比赛的表现乏善可陈，而尤文前锋伊瓜因则枪管滚烫，独中两元。瓦恰戈说："我觉得，姆巴佩在首回合时有点紧张，或许还有点被尤文吓住了，我们可是刚刚淘汰了巴塞罗那啊。但次回合，他卸下压力，找回了踢曼城和多特时的感觉……"

5月9日，摩纳哥和尤文图斯的欧冠半决赛次回合在安联球场开打，首回合主场以0：2告负的红白军团背水一战。"是的，这一场尤文又赢了，但雅尔丁的球员们给斑马军团①制造了不少麻烦，姆巴佩门前抢射，为摩纳哥扳回一球，但最让我印象深刻的是，他整场比赛中都让我们的后防球员头疼不已。在意甲和欧洲赛场都以速度见长的巴尔扎利，遇到了前所未有的挑战。"

姆巴佩终于打破了布冯镇守的球门，这是他在2016-17赛季收获的第6个也是最后1个欧冠进球。终场哨响，摩纳哥以1：2负于尤文图斯，未能帮球队再进一步的姆巴佩显得有些失落。

但他得到老兵布冯的拥抱和安慰，短短几个月的时间，姆巴佩已经在国际赛场上赢得尊重和声誉。"我们被淘汰了，但可以昂着头离开，"他赛后在

---

① 译注：斑马军团是尤文图斯俱乐部的昵称。

安联球场的通道里向记者表示，"这个赛季，我们势头很好，通过资格赛晋级（欧冠），全力以赴，踢得很开放，一路走到现在，也回击了很多人的质疑。这一年，我们在欧冠中没有留下太多遗憾。和强手过招是提高自己的最佳方法，今天，我们队学到了很多，我本人也学到了很多。下个赛季，我们会变得更强，卷土重来。"

姆巴佩接受采访时，瓦恰戈在不远处和尤文图斯一起庆祝，这位记者回忆道："我们进决赛了，球员们和教练们都松了一口气，也都被姆巴佩的表现折服。我记得自己在更衣室旁边撞见了（尤文）体育总监马罗塔，我笑着对他说：'你得把姆巴佩买下来！'马罗塔反问我：'买他？几年前，我们本是有机会免费签下他的，现在可太晚咯，所有的豪门都在盯着他，他已经名声在外啦。'"

第十二章　登顶法甲

虽然被尤文图斯淘汰出局，但最终摩纳哥还是因祸得福，欧冠之旅很大程度上激发了摩纳哥人的野心。"欧冠让姆巴佩取得了突破，让球队团结在一起，"一位前摩纳哥球员——他现在是路易二世球场看台上的常客说，"全队的脑子里现在只有一个目标：拿到法甲联赛冠军。"

2017年5月初，2016-17赛季进入最后几周，摩纳哥在法甲积分榜上领先巴黎圣日耳曼，处于一个理想的位置。事实上，自1月中旬以4：1大胜马赛后，雅尔丁的球员们就一直占据法甲积分榜榜首的位置。"那天晚上，姆巴佩出场的时间很短，但他迅速找到了状态，在后面所有的赛事中都发挥了决定性的作用。"这位前球员继续说道。

在曼彻斯特的欧冠比赛中，姆巴佩成功地将比赛和表演结合到了一起；2月25日，他在甘冈很快赢得了一个点球，帮助球队以2：1取胜。

3月1日在韦洛德罗姆体育场的法国杯八分之一决赛中，他攻入一球；在马赛球场的加时赛上，他为门迪送上助攻，摩纳哥以4：3取胜。

3月5日，他在主场对阵南特的比赛打入两球。第二天体育报纸《队报》首次将他放在头版，标题是《魔术师》。"所有的媒体真的都开始讨论他了，"《摩纳哥日报》的法比安·皮加勒回忆道，"他在每一场比赛中的表现都被挑了出来，而对他的对手来说，恐惧已经替代了好奇。"

还有就是尊重。3月11日对阵波尔多的比赛中，姆巴佩又进了一个球，打破僵局，接下来的周末他差点把卡昂球场的房顶掀翻。"那场比赛中他做了所有的事：轻松击败了两名防守队员和门将，迅速为球队首开纪录；所有人都为他的速度惊叹，他赢得了一个点球，然后接到了穆蒂尼奥在底线附近的传中，头槌建功梅开二度。这是他在对阵曼城和第一次代表法国队出场之后，奉献的又一次顶级表现。"第88分钟当姆巴佩下场的时候，米歇尔·多尔纳诺球场的球迷为他起立鼓掌："他给当地球队带来了巨大的痛苦，而他们的球迷为他起立鼓掌！"除了电视上的顶级球星，他们之前从来没有看到过这样的表演。他才18岁，就已经赢得了对手球迷的心。而且你要知道，他和卡昂有过交往，差不多十二三岁的时候，他差点与卡昂签约。"

姆巴佩已经成为了雅尔丁球队中不可或缺的一员，他也是更衣室里的宠儿。"毫无疑问，他的进球帮助他融入了球队。他跟门迪很亲近，门迪给他起了个绰号叫'小淘气'，出自美国卡通人物'淘气小兵兵'。"姆巴佩自然也会在社交媒体上展示他有多么快乐。他发布了球队生活的有趣场景：他拍的在食堂里穿着内裤的贝尔纳多·席尔瓦；他跟勒马尔开玩笑说他就像一个孩子在水池里嬉戏；他甚至试着亲手为门迪做饭。"他和这群职业球员在一起感到很自在，也给他们带来了新鲜感。但他没有忘记青训营里的朋友们，有时候父母不在卡普代的家里，他就会在训练中心过夜，为了避免诱惑。"一位前同事说，"因为他还没有驾照，他妈妈会开着一辆一点也不奢华的老式轿车带他去训练。"

"每次他跟媒体说完话，就会在主场比赛后找费扎和埃唐，尽快跟他们在一起。你可以看出他和他的弟弟非常亲近，他弟弟经常出现在他的社交媒体上。"《快步》记者谢德维尔说,"你可以看到,他并没有走在时尚前沿;他总是穿着运动服,一点也不珠光宝气。与俱乐部里其他同龄的年轻球员不同,他从未在夜总会里露面,他对这个不感兴趣。他关心家庭,百分之百地专注于自己的目标。"

姆巴佩把注意力集中在赛季末和2017年4月1日里昂举行的第一场重要赛事上,他将第一次在法国杯决赛中出场。这肯定会是一场引人注目的对决,届时法国的两支顶级球队摩纳哥和巴黎圣日耳曼将交手对决。"埃梅里的球队在欧冠赛场上耻辱性地被巴塞罗那淘汰出局(3月8日在八分之一决赛第二回合以1∶6失利),而且他们已经意识到法甲联赛冠军已经从他们手中溜走了,法国杯是唯一一个挽救这个赛季的机会。因此这场比赛不仅仅是法国杯决赛,对他们来说,更是一个获得球迷尊重,证明巴黎圣日耳曼仍然是法国排名第一的俱乐部的机会。"一位记者这样说。巴黎圣日耳曼的渴望和决心带来了改变,那个春天的晚上,摩纳哥被卡瓦尼和迪马利亚以4∶1痛击出局,尽管上半场勒马尔一度扳平了比分,但仍然令人震惊。像大多数队友一样,决赛完全超出了姆巴佩的掌控。

"是的,他几乎没有什么表现。在这么重要的一场比赛中隐身,对他来说很不寻常。"他的一位亲戚分析说。必须承认,巴黎圣日耳曼的中卫没有留给他任何机会,就像门将苏巴西奇后来对克罗地亚《24小时报》说的:"蒂亚戈·席尔瓦从第一分钟到最后一分钟都在盯着基利安,他真的对他很凶。你可以看得出,他想要摧垮他的信心。比赛结束后的更衣室里,基利安的确很伤心,他快要哭了,非常情绪化,看到他处于那种状态我感到很难过。我骗了他,告诉他这很正常,他已经向所有人展示了他有多棒,他还会继续下去。"

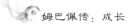

由于没能获得第一座冠军，姆巴佩自信心受挫，感到失望。但接下来的几周里，姆巴佩表现得像个冠军：他在4月对阵里昂和图卢兹的比赛中攻入两球，帮助摩纳哥在法甲联赛中取得了两场决定性的胜利。5月他在南锡和里尔的比赛中没有进球，但仍然表现突出。对阵洛林的比赛中他为勒马尔送上了助攻；在路易斯二世球场与里尔的比赛中，他做出了两个关键动作，包括一次射门。在上半场临结束的时候，姆巴佩做出了一连串世界级的动作：右路纵深接球后，他绕过一名防守队员，又把球带了回来，然后绕着他的对手跳起舞来，他用假动作、跨步和转身使对方措手不及。面对如此出众的速度和技术，防守队员显得无能为力。正玩得开心，身穿29号的姆巴佩突然掏出了魔法棒，把球传给了贝尔纳多·席尔瓦。"他在对阵里尔那场比赛中的移动，让人想起巴西球员罗纳尔多的盘带。是R9——罗纳尔多，不是CR7——C罗。现象级的表演！"一位摩纳哥记者热情地称赞道。

5月15日，法国杯决赛的意外被彻底遗忘了：姆巴佩无可争议地被评为法甲21岁以下最佳球员。颁奖典礼上，他走在队友勒马尔、巴黎圣日耳曼的阿德里恩·拉比奥特和尼斯的维兰·西普里安的前面。"我很高兴赢得这个奖项。很高兴我的努力得到了回报，这也是我继续努力以达到最高水平的动力所在。"上届得主登贝莱的继承人姆巴佩在一次全国直播的采访中这样表示。跟他的队友一样，姆巴佩也没有去巴黎领奖，因为这个赛季还没有结束。两天后，摩纳哥在路易斯二世体育场进行了一次晚场比赛，这场比赛对冠军争夺至关重要。

5月17日摩纳哥主场迎战圣埃蒂安，雅尔丁的球队只需要一场平局就能确保俱乐部历史上第八次赢得法甲联赛冠军。当然，姆巴佩和队友们没有错过这个机会，他们让球迷们欢庆胜利，球场里第一次涌进了这么多的球迷。姆巴佩又一次扣动了扳机：第 19 分钟，他在离球门约 30 码的地方接到法尔考的中路传中。他的速度使他在几步之内摆脱了两个防守队员，轻松击败了圣埃蒂安的门将。他用假动作晃倒门将，冷静地送球入门。这一切只用了几秒钟，而且很潇洒。1：0。姆巴佩冷静地打进了他本赛季的第 26 个也是最后一个进球，同时还贡献了 14 次助攻。这些数据足可与欧洲最伟大的前锋相媲美，而对一个 18 岁的球员来说，取得这样的数据几乎是闻所未闻。

很快，热尔曼为摩纳哥打入了第二球，但那只是一个偶然。接近晚上 11 点时，终场哨声响起，欢乐的场景被载入了史册。球场上、更衣室里、新闻发布室里，新科冠军的诞生冲淡了一切。巴黎圣日耳曼对法国足坛连续四年的统治终结了，这是一个激动人心的时刻。"简直是疯了，"一名前来采访的记者说，"大约有十来个球员跑过来，打断了雅尔丁的新闻发布会。门迪非常兴奋，他们像孩子一样又唱又跳！姆巴佩也很高兴，但他有点内向。他大概是唯一一个没有自拍的人。他似乎想安静地享受这一刻，他把幸福藏在了心里。"

"每个人都有自己的庆祝方式，我就想看看球场。俱乐部举行了一场盛大的焰火晚会，球场里坐满了人，我觉得这时候弄手机没什么意思。"他对法国电视一台的记者说。姆巴佩也觉得没必要和队友一起去夜总会庆祝胜利，"这让你更了解他这个人以及他的人格魅力，"一位摩纳哥俱乐部的内部人士说，"他没有和队友一起参加派对，但是两天后，他和俱乐部副主席瓦西里耶夫一起，在塞纳 - 圣但尼省向邦迪的居民们展示了法甲冠军奖杯。这表明了他对故乡和第一座联赛冠军奖杯的爱，也表明了他在摩纳哥队所展现的一切。他不再是球队了不起的新星和希望，他已经成为了俱乐部的明星。证据是，董事们肯定不允许后卫安德烈·拉吉到他的故乡意大利去展示法甲奖杯。"

第十三章　夏日传奇

"说真的，我不知道。我和俱乐部副主席交谈，为自己设定了目标，希望能很好地完成赛季，赢得冠军。我们把所有的事情都放在了一边。我的首要任务就是为我所在的俱乐部赢得荣誉，我全力以赴使其成为现实。我把所有跟谣言和转会有关的事情都搁到某个盒子里，让我们拭目以待吧。我什么时候再打开这个盒子？等我为法国队踢完比赛之后再说。"

距离举起法甲联赛冠军杯仅过了四天，姆巴佩已经不得不回答关于夏窗转会的问题了：下个赛季他会在哪里踢球？5 月 21 日是星期日，他成了法国电视一台《Telefoot》节目的特邀嘉宾，在路易斯二世球场上录制节目，在此期间，他对自己作了很好的一番描述，直到 6 月头两周为国家队效力结束，他暂时不会做出任何决定。摩纳哥俱乐部副主席瓦西里耶夫陪着他，在临时电视上一起承诺："我们将竭尽全力留住他。"

阿尔贝二世亲王 ① 也希望姆巴佩留在摩纳哥。"他想留下来。我想我没有泄露任何秘密，他父亲也希望他留下来。最后时刻也可能会出现一些我不知道的变化，"摩纳哥公国元首在接受 Canal+ 电视台采访时表示，"但明

---

① 译注：阿尔贝二世亲王是格里马尔迪王室的首领和摩纳哥公国的元首。

年他暂时还会留在摩纳哥。"面对一连串的头版流言和数百万欧元的报价，这些声明令人安心（参见《马卡报》，它把姆巴佩描绘成"转会市场的香饽饽"）。这并不是什么新鲜事：姆巴佩从14岁开始就吸引了欧洲顶级俱乐部的注意，而今，在对阵曼城的欧冠比赛中声名鹊起之后，许多俱乐部不惜耗费时日提出高额报价，希望锁定这位欧洲足坛新星。皇家马德里队主席弗洛伦蒂诺·佩雷斯看到了姆巴佩在欧冠八分之一决赛对阵瓜迪奥拉的曼城队的表现，决定让他成为新一代银河战舰中的一员。他不多思量就决定拿起钱包将他带到伯纳乌。据《马卡报》的说法，姆巴佩也表现出了兴趣："他希望在马德里踢球，他告诉了俱乐部的代表，让他们联系他身边的人。"5月5日的这份西班牙报纸声称。预计这笔交易的金额将达到1亿欧元左右。

皇家马德里并不是唯一参与争夺的俱乐部。5月初《卫报》报道曼联为姆巴佩开出了7200万英镑的报价。《卫报》写道，红魔的葡萄牙主教练穆里尼奥将这位18岁的巴黎人立为引援名单的头号目标。至少有英国媒体报道：令人遗憾，摩纳哥拒绝了这一报价。法国媒体称，皇家马德里1.3亿欧元的报价也被拒绝了。这是一笔创纪录的金额：超过了2016年曼联为尤文图斯中场博格巴支付的转会费，以及2013年皇家马德里为贝尔支付给托特纳姆热刺的1亿欧元。

但是摩纳哥俱乐部并不需要出售姆巴佩，或者至少他们说过，想再留他们的明星一个赛季，希望转会价格会涨得更高。身着红白色29号球衣的姆巴佩竞标战在最顶级的欧洲俱乐部之间展开，不仅弗洛伦蒂诺和特别的一个（穆里尼奥）对姆巴佩感兴趣，在尤文图斯、曼城、阿森纳、利物浦和巴黎圣日耳曼的转会目标清单上，姆巴佩同样名列前茅，还不止于此。以尤文图斯为例：根据《都灵体育报》的说法，斑马军团的体育总监还记得欧冠半决赛所发生的一切，他们曾与摩纳哥会面谈论转会，特别是对"新亨利"。再如巴黎圣日耳曼，前波尔图副主席安特罗·恩里克刚被任命为巴黎圣日耳曼的体育总监，他在邦迪与维尔弗里德见面，讨论了俱乐部对姆巴佩的计划。根据《队报》的说法，巴黎圣日耳曼俱乐部主席纳赛尔·阿尔赫莱菲与姆巴佩一家之间也进行了一次会面，但没有做出什么决定。

故事进展到这里，姆巴佩似乎已决定留在摩纳哥，当然是在合同细节修改之后，他的合同于 2019 年到期。不管怎么说，他已经在为法国队效力了。比赛将在 6 月 2 日的雷恩进行，他们在友谊赛中对阵巴拉圭。离比赛开始还有三天时，姆巴佩再次不得不在克莱枫丹举行的新闻发布会上谈到自己的未来。"如果你离开摩纳哥，你是否可能要冒风险，无法获得那么多的出场时间？"记者们问道。这个厌倦了总是被迫重复同样内容的男孩回答道："为什么我出场的时间会减少？这并不是我害怕离队的原因。我还有时间考虑，现在我专注于国家队的比赛，其他什么都不想。我还有充足的时间考虑所有这些事。我们有三场重要的比赛要踢，之后我会做出评估。"他还认为，德尚对他转会的意见很重要，但"他不会主导我的选择"。他还详细谈到了齐达内："在他踢球的时候，他树立了我的梦想，现在我看到他踢球的片段，他仍然令我神往。但成为一名主教练是完全不同的，他是一位伟大的教练，他在起步阶段就取得了出色的成绩，现在仍在继续。"

在法国媒体的部分解读中，他的声明被解释为关上了加盟皇家马德里的大门。

姆巴佩没有参加 6 月 2 日对阵巴拉圭的比赛，他的大腿不大舒服。德尚希望在重要比赛开始之前保护他。他甚至禁止姆巴佩接触皮球，尽管来自邦迪的小淘气姆巴佩没有按他说的做。

法国队在罗阿宗公园球场以 5：0 击败了巴拉圭队。大赛开始之前的这场热身赛很有用，他们将在 2018 年世界杯预选赛中对阵瑞典。6 月 9 日，法国队在瑞典索尔纳度过了一个伤心的夜晚。第 94 分钟，效力于图卢兹的奥拉·托伊沃宁抓住雨果·洛里的一次明显失误破门得分，帮助瑞典队以 2：1 取胜。法国队首次失利，失去了他们在世界杯预选赛 A 组中的头名位置，瑞典队取而代之。姆巴佩怎么样了？他在第 76 分钟登场，换下了碌碌无为的格列兹曼，没有机会展示自己的实力。

6 月 13 日，轮到与英格兰强强对抗的友谊赛了：自 2010 年以来，法国队就没有击败过英格兰队。在负于瑞典之后，这是一次重要的考验。比赛在巴黎的法兰西体育场进行，姆巴佩第一次出现在了首发阵容中，他在前场与吉鲁搭档。开球前，英国和法国的球迷们唱着《别抱着遗憾回头》，共和卫队乐队在球场上用电吉他演奏的这首曲子，向最近在曼彻斯特和伦敦发生的恐怖袭击中的受害者致敬。当值主裁判戴维德·马萨吹响终场哨音时，法国队以 3：2 击败了英格兰队。

法国和英国媒体对姆巴佩、奥斯曼·登贝莱和保罗·博格巴表示赞赏。他们的意见很一致，正如《费加罗报》的评论："就像登贝莱一样，姆巴佩一拿到球就能制造威胁。他的跑位非常精准，一切都是为了给对手带来麻烦，他永远不会为了迎合大众而踢球。他的每次突破都是一场视觉盛宴，也是对防守球员的煎熬。他击中了横梁（71 分钟），并为登贝莱送上了助攻（78 分钟）。他需要提高自己的杀手本能，但也必须不惜一切坚持自己的放松心态。这孩子是一个真正的瑰宝。"他的表现得到了 7 的评分，满分 10 分。BBC 的记者更加慷慨，他们给了他 8 分，并送上了许多积极的评价："速度、诡谲、勤勉，你能理解为什么这个摩纳哥年轻球员值这么多钱。他给英格兰后卫带来了各种各样的麻烦，但他击中了横梁，他本该把球送进球门的。"很难想象还能有比这更热情洋溢的评价。

姆巴佩对这场比赛和他的整个赛季有什么看法？"我会说一切都很好地结束了，可能开局还能更好一点。我想踢球，想取得成功。最终我设法做到了，但我必须花上整整一年的时间来完成这项工作。"显然，法兰西球场走廊上的记者又开始老生常谈地问起他的未来了。"等等吧，我刚离开球场。接下来几天我会和家人一起度过，考虑考虑即将发生的事。"他微笑着走了，但有人仍不放弃，再次试着追问："你要挑选一家俱乐部吗？"姆巴佩回答："是的，当然也要跟我的俱乐部谈谈。我还有合同，我不是自由球员。"

对姆巴佩来说，是时候放假了。接下来的一天，他在推特上发布了一张照片："假日态度。和大哥埃科科在一起。"最令人惊讶的是，摩纳哥小王子姆巴佩做了一个白金色的发型，就像埃科科一样。

随后的照片是一艘停泊在西班牙马略卡岛海域的游艇，他想和家人完全放松。遗憾的是，他的假期不会那么平静。他的未来还有待决定，他可以听取不同的意见，考虑世界上最富有的那些俱乐部提出的各种报价。他需要在父母的帮助下仔细权衡、评估和分析，但最后的决定需要姆巴佩自己做出。因此，在大海里游泳的时候，这个来自邦迪的男孩与瓦西里耶夫进行了更深入的交谈，确保了解了摩纳哥俱乐部的意图，并接听了齐达内的电话。皇家马德里主帅齐达内刚从意大利度假回来，他给摩纳哥前锋姆巴佩打了电话，想说服他收拾行李飞往马德里。6月23日《队报》在头版刊登了所谓的"秘密谈话"，之后被一位姆巴佩一家的内部人士否认了。

齐祖到底对姆巴佩说了什么？前法国队的10号让才华横溢的年轻球员姆巴佩不要担心枯坐在替补席上，不要担心没有足够的出场时间，不要担心无法取得进步。他答应姆巴佩会让他出场踢球，BBC 组合（贝尔、本泽马、C 罗）并不是一成不变的，而如果贝尔回到他所热爱的英国踢球，就像传闻中的那样，姆巴佩就能在首发 11 人中占有一个位置，或者可以保证他在皇马攻击线上的轮换位置。这还不是全部：主教练齐达内向法国新星姆巴佩承诺，在马德里，他将成为自己梦寐以求的全球知名的球星。

这些铿锵有力的承诺似乎激发了年轻姆巴佩的热情。但是还有时间做出选择，还有许多其他的重要对话即将展开。比如乌奈·埃梅里，6 月 8 日，这位西班牙主教练在毕尔巴鄂国际足球峰会的圆桌会议上提到了姆巴佩。"当他们在西班牙谈论姆巴佩的时候，他们会谈到皇家马德里和巴塞罗那。但我在巴黎，在巴黎圣日耳曼。据我所知，有什么比代表法国球队出场更好？如果他真能成为世界足坛代表人物之一，他应该呆在巴黎，并对摩纳哥怀着深深的敬意。他来自巴黎，他的家人都在巴黎。对法国队和巴黎圣日耳曼来说，还有什么比成为一个整体，成为球员和他所在城市的连接纽带更好的事？"一个月之后，埃梅里更进一步来到了邦迪。他第一次见到了姆巴佩，谈到了他的未来以及他在巴黎圣日耳曼首发阵容中可以扮演的角色。但对姆巴佩来说，巴黎圣日耳曼是摩纳哥和皇家马德里以外的第三个可能的选择。搬家这件事表明了姆巴佩希望留在摩纳哥俱乐部的意愿。他离开了与费扎一起住的公寓，在卡普代的山上找到一栋房子，距离哈梅斯·罗德里格斯的住处只相隔两栋房子。他的想法是，从前他们在邦迪和摩纳哥之间来回奔波，现在整个姆巴佩一家可以安静地住在他的朋友门迪曾经拥有的海景大房子里了。

7 月 10 日星期一，西班牙和希腊度假结束后，姆巴佩来到拉蒂尔比参加雅尔丁监督的常规医疗检查和轻度训练。7 月 13 日星期四，摩纳哥队抵达瑞士瓦莱州的萨永，他们的集训将持续至 7 月 19 日。姆巴佩是球队中的明星，每次训练结束后都有一群人在等他，不仅是球迷热衷于和他拍照，许多记者也来到了现场。那个令人厌倦的问题又被一再提起：皇家马德里、曼城和巴黎圣日耳曼都提出了报价，你还会留在摩纳哥吗？马德里的体育日报《阿斯报》登出了对此最简洁的回应："我不知道。"一个月前他说过同样的话。即便如此，这几个字仍足以点燃另一场夏日传奇的火把。特约通讯员、记者和专家们试图找到这个男孩是选择留在摩纳哥，还是出发前往另一边遥远海岸的充分理由。7 月 12 日接受《队报》采访的阿尔贝二世亲王也再次重申了他的观点："从正在进行的谈判看，我认为姆巴佩下个赛季还将留在摩纳哥。讨论的内容是增加他的薪水，但我认为他和他的父亲都明白，加盟一家大俱乐部并不符合他的利益，他不确定是否能进入一线队，虽然齐达内已经表示会让他在皇家马德里上场踢球。"

人们想知道阿尔贝二世亲王的话是出于某个知情人的身份，抑或只是一个球迷的意愿。事实上很多人——无论是粉丝还是其他人——都认可阿尔贝二世亲王的话，希望尽快谈判完成续约，结束这件已经拖延了太久的事情。毕竟，姆巴佩在球队首发阵容中的位置几乎是不容置疑的；他将继承加盟曼城的贝尔纳多·席尔瓦的 10 号球衣，可以得到 70 万欧元的月薪，可以规避风险，以免在这个世界杯年份耗费太多时间在替补席上。

7 月 14 日法国国庆这天，出现了一枚重磅炸弹。在他的萨永德白赛乐的酒店房间里，姆巴佩录制了一条视频，晚上 9 点 46 分他在推特上发布了这则消息，标题为"重大宣布"。法国和西班牙的球迷们竖起了耳朵，更不用说来自世界各地的记者了。如果是真的，他将最终做出决定：留下还是离开。姆巴佩带着重要场合应有的严肃表情和庄重语气，说：

"大家好，是我。你们也知道，我的名字最近与许多东西联系在了一起，出现了许多谣言。我认为应该由自己向您更新消息，提供信息。我和我的家人一起考虑过这件事，我们权衡了利弊。我们已经做出了决定，那就是……今年……从现在开始……陪我踢球的是……"姆巴佩停下来喘了口气，悬念达到了顶峰。他向下方伸出手去，拿了一双球鞋回到镜头前。他笑得像疯了一样，惊呼道："刺客系列！"对耐克来说，这是一个宣传噱头，姆巴佩刚刚与耐克续约，代言费后面多了几个零。这是制造网络效应的好方法，但不是每个人都喜欢，虽然姆巴佩后来在第二段视频中将其称为一个玩笑："他们让我这样做，我觉得很有趣，并没有伤到任何人。"

7月20日，摩纳哥俱乐部看到了危险的降临。官方声明中，他们向未经俱乐部许可就对"联系过基利安·姆巴佩（和他的随行人员）的欧洲俱乐部提出抗议"。他们威胁会请求法国管理机构和国际足联对这些违反规则的俱乐部发出纪律制裁。据有些人说，这是在向巴黎圣日耳曼、皇家马德里和阿森纳传递出讯息。这是一个强烈的信号，其他人解释说，摩纳哥俱乐部想要紧紧抓住这位法国足球的新星。

但事情并非如此。摩纳哥正在两条战线作战。一方面，他们声称想要与这个来自邦迪的男孩完成续约；另一方面，他们正在与皇家马德里进行谈判。简言之，这份声明似乎不一定是针对皇家马德里提出的警告，而是针对曼城，据英国媒体报道，曼城正准备投入1.43亿英镑求得姆巴佩。据悉，来自加泰罗尼亚的主教练瓜迪奥拉曾与姆巴佩和姆巴佩的父亲进行过几次电话交谈。报道称他为姆巴佩提供了进入蓝月亮一线队的机会，谈到了他的足球理念和战术，并试图通过他的摩纳哥队友加盟曼城这一事实说服他。

然而，摩纳哥与白衣军团的谈判已经取得了进展。7月中旬，弗洛伦蒂诺·佩雷斯和何塞·安赫尔·桑切斯与另一方的德米特里·雷波诺列夫之间进行了会议，外界认为他们已经就可能的协议条款达成了一致。7月26日，《马卡报》的头版刊登："姆巴佩转会已经原则上达成一致：1.8亿。这位法国球员可能成为足球历史上最昂贵的签约。"接下来报纸在专门讨论这桩转会的两个版面中谈到："一旦余下的合约细节得到解决，年轻的法国球员姆巴佩将与皇马签约六个赛季，每个赛季他将得到700万欧元薪水。各方（皇家马德里和前锋姆巴佩本人）的意愿是，他将在未来几天加入目前正在美国进行季前训练的球队。"

还有人声称皇家马德里曾考虑完成交易，但将把姆巴佩留在摩纳哥再踢一个赛季，摩纳哥俱乐部认为这是一个诱人的选项。但根据《马卡报》的说法，齐达内与身在巴黎的弗洛伦蒂诺·佩雷斯几次会面之后，姆巴佩决定不再拖延，尽管要面临与"BBC"的竞争，但他觉得自己能够在皇马首发11人中觅得一个席位。

"我可以向你保证，我们没有与皇家马德里或任何其他俱乐部达成协议。"同一天晚些时候，摩纳哥俱乐部副主席瓦迪西耶夫的辟谣来了。摩纳哥俱乐部副主席证实他收到了各方的转会请求，但重申没有达成任何初步协议。

摩纳哥或许一直在谈论这件事，但姆巴佩一方保持着沉默。

7月29日姆巴佩在丹吉尔的伊本·巴图塔球场举行的2017冠军杯中做出了回应。法甲联赛冠军摩纳哥对阵法国杯冠军巴黎圣日耳曼，姆巴佩与队长法尔考搭档锋线。姆巴佩在上半场表现出色。他的一个进球因越位被判无效，还有一次瞄中目标的射门被防守队员马尔基尼奥斯挡出，但他展示了自己的速度和带球。比赛下半场，当摩纳哥队逐渐失去球的控制权时，他摔倒了，被卡里略换下，第94分钟巴黎圣日耳曼绝杀赢得了第五座冠军。本场比赛最佳球员是丹尼尔·阿尔维斯，这位巴黎刚刚引进的巴西后卫用一记直接任意球精彩破门，给比赛留下了自己的印记，他还为拉比奥特送上助攻，将比分锁定为2∶1。

8月3日，巴黎圣日耳曼正式宣布签下内马尔。这是足球历史上最昂贵的转会：2.22亿欧元。巴西人内马尔签下了一份直到2022年6月30日的合同，他每年将获得近3600万欧元的收入。一个令人难以置信的故事结束了，这个故事耗费了太多的流量与关注，世界各地的电视和网站上连续数个小时就此发表评论。这是一场短暂而猛烈的旋风，超越了姆巴佩的交易。巴塞罗那前11号球员现已抵达纳赛尔·阿尔赫莱菲的球场，西班牙媒体似乎什么都清楚了。巴黎圣日耳曼显然不再适合姆巴佩了，曼城和阿森纳也已经放弃了……这位年轻的法国球星与皇家马德里签约也只剩下几天时间了。

2017-18赛季的法甲联赛8月4日开始。由于少了几名球员，摩纳哥队非常引人注目。门迪和贝尔纳多·席尔瓦去了曼城，巴卡约科加盟了切尔西，热尔曼到了马赛，迪亚洛去了美因茨，让去了图卢兹，迪拉尔去了费内巴切。出色的新援则有身价2500万欧元的年轻比利时中场约埃里·蒂勒曼斯和前费耶诺德的荷兰后卫特伦斯·孔戈洛。新赛季联赛首场他们要通过图卢兹的考验，最终主队摩纳哥以3∶2取胜。姆巴佩穿着10号球衣，他的左膝受到了猛烈撞击，在第74分钟时因伤离场。这当然会引起恐慌，但后果并不严重。第二天姆巴佩就在曼彻斯特参加了赞助活动。他和萨内一起合影，他的老朋友门迪开玩笑说姆巴佩可能会选择瓜迪奥拉的曼城。与此同时在法国，瓦西里耶夫保证姆巴佩"从未表达过离队的意愿。我们还在与他谈判。不仅仅是钱的问题，要复杂得多。球员必须权衡足球场上的一切。此刻他正在思考，这是完全正常的"。

西班牙一边，事情变得更加复杂了。据马德里媒体报道，如果姆巴佩在为皇马效力时赢得了金球奖，那么摩纳哥就想得到更多的钱，奖金是2500万欧元。但这不仅仅是一个财务问题；事实上，齐达内并不希望拥有C罗、贝尔、本泽马和姆巴佩四名前锋。这种情况可能导致更衣室出现问题，发生冲突。虽然莫拉塔的确已经加盟了切尔西，但情况仍然很复杂。换句话说，如果贝尔离队回到了英超，齐祖就只能指望完成姆巴佩的转会交易了。

8月10日，来自比利牛斯山脉两侧的法国与西班牙的消息来源达成了一致。"除非情况发生变化，否则我们可以确认姆巴佩即将来到巴黎。"法国首都的网站Paris United宣布，他们一直在关注事件的进展。《马卡报》证实："不可能的事即将成为现实。基利安·姆巴佩将成为巴黎圣日耳曼的球员。交易完成。"

发生了什么？怎么可能这么快就变了？姆巴佩一家的朋友、姆巴佩在邦迪最初的教练之一叙纳尔解释道："当他发现摩纳哥已经背着他同意了皇马条款的时候，他一点也不开心。所以他决定离开，但要去他想去的地方。他不想被任何人愚弄，所以他选择了巴黎，因为他认为这是保证出场时间的唯一做法。首先，这个孩子喜欢踢球。他不确定皇马能否保证让他在国家德比中出场，因为他们没有设法卖出贝尔，而他不想冒险把时间荒废在替补席上。他选择了巴黎圣日耳曼，等待巴黎那边与摩纳哥达成协议。虽然这笔交易是在8月底完成的，但姆巴佩早在十天之前就决定了加入巴黎圣日耳曼。"在签署协议官方宣布之前的21天，姆巴佩一家经历了最煎熬的三周。

第十四章　转投巴黎

比赛已经结束了一段时间，法国队以 4：0 大胜荷兰队。而且，由于保加利亚战胜了瑞典（3：2），法国队回到了世预赛欧洲区 A 组榜首的位置，获得了 2018 年俄罗斯世界杯的参赛资格。法兰西体育场里，多家电视、广播和纸质媒体正在等待。几乎所有的人都来到了混合区，除了托马斯·勒马尔去接受兴奋剂检查了，但他并不是记者们所期待的人。而后，午夜刚过，夏季转会窗结束不久，最受期待的球员姆巴佩出现在了这群饥渴的记者面前。姆巴佩身穿法国国家队的蓝色 T 恤、脚上人字拖，唇边挂着笑容，向诸位媒体人问好。麦克风到处都是，问题来自各个方面。

"你打入了法国队的处子球，同时，官方宣布你签约巴黎圣日耳曼，对你来说，这是一个梦想成真的夜晚吗？"

"这是美好的一天，了不起的签约，伟大的胜利和进球。梦想成真的一天？是的，差不多。我不太确定一个典型的梦想成真的日子应该是什么样，但这是美妙的一天。我们的比赛从头到尾都很精彩，我们按照自己的方式进行了比赛。我觉得球迷很喜欢这场比赛，我们也是一样，今天大家都很开心。我们很高兴能拿出这样的表现，我们今天很好地阐释了一支优秀的球队应该是什么样的，我们希望能以同样的方式继续下去。"

"你为什么决定加入巴黎圣日耳曼？"

"已经官方宣布了，我很高兴加入一家伟大的俱乐部，这是我取得进步并在最高竞技水平中继续学习的理想场所。我将和许多杰出的球员在一起，其中大多数人已经在国内赢得了一切荣誉，有些甚至在欧洲赛场取得了成绩，因此我还有很多需要学习的东西，还有许多需要证明的地方。"

"欧洲最顶级的俱乐部都在追逐你，你是什么时候选定巴黎圣日耳曼的？"

"几周之前。为什么选择了巴黎圣日耳曼？因为我认为自己会在这里取得最大的进步，获得最多的出场机会，这是我的主要诉求。"

"好，够了，谢谢你们。"法国队新闻官菲利佩·图尔农不得不介入。他搂着姆巴佩的肩膀，把他带走了。在 2017 年 8 月 31 日这个重要的日子里，记者们对法国队 20 号的问题永无止境。而且，姆巴佩是一个很好的沟通者，他并没有退缩。他仿佛置身于天堂第七层的极乐世界，但他没有太多地展示出来。他不让自己陷入即时的兴奋之中，他保持着自己的语调，一直带着和煦的笑容。只有一次他在麦克风前做了一个搞笑的表情，一个鬼脸，但他很快就控制住了自己。当时记者们问他："你现在完全投入到足球中了吗？"

"我一直都对我的足球充分投入，你们才会认为我的思绪在别的地方。足球是我表达自我的最好方式，是我唯一能做的事情，也是我最喜欢做的事情。再次回到球场真是太棒了，坐在替补席上让我的脚发痒。"

自从对阵图卢兹的第 74 分钟离场之后，姆巴佩就没有机会再度走上球场。8 月 13 日联赛第二场比赛对阵第戎，他在替补席上度过了整整 90 分钟，雅尔丁选择了阿达马·迪亚卡比。新闻发布会上，葡萄牙主帅雅尔丁解释了他的选择："俱乐部决定不让他上场。我所说的俱乐部指的是整个俱乐部，那些决策者。"总之，不让这个男孩上场的命令来自高层：主席雷波诺列夫和副主席瓦西里耶夫。

他们为什么要做出这样的决定？因为姆巴佩一家和摩纳哥俱乐部高层之间的关系非常紧张。姆巴佩选择巴黎圣日耳曼的事已经公开了，或者差不多公开了。这件事由 Paris United 网站公布了，《马卡报》和《队报》联合报道，登在了 8 月 11 日的头版。报纸上登了一张姆巴佩的大幅照片，双手交叉抱胸，抬头看着巴黎圣日耳曼俱乐部的新 10 号，标题是："姆巴佩想和内马尔一起踢球。"副标题更详细地解释道："巴西人内马尔的到来，再加上巴黎圣日耳曼赢得欧冠冠军的雄心壮志，最终让摩纳哥的神童确信，他要来首都踢球。转会费预计达到 1.8 亿欧元，其他的欧洲俱乐部没有开出这么好的报价。"

文章继续说，姆巴佩一家等待着巴塞罗那的报价，但最终徒劳无功；另外仍有两家俱乐部皇家马德里和曼城也还在竞争（利物浦和阿森纳早已放弃）。他们选择了巴黎圣日耳曼，并告知摩纳哥俱乐部，姆巴佩希望在法国首都踢球。雅尔丁和瓦西里耶夫明白了，他们不得不放弃把他卖给弗洛伦蒂诺的想法，准备好与巴黎圣日耳曼打交道。

这是摩纳哥俱乐部最不满意的结果。摩纳哥高层很难接受姆巴佩加盟直接的竞争对手，增强他们的实力。他们可以随心所欲地拖延谈判，但不管他们是不是要这么做，他们都必须与巴黎圣日耳曼俱乐部进行谈判，因为维尔弗里德与巴黎圣日耳曼的体育总监安特罗·恩里克显然已经原则上达成了协议，双方将签署一份为期五年的合同，年薪为总额 1800 万欧元，在俱乐部内仅次于内马尔，据悉这份年薪仅仅比摩纳哥提供的 70 万欧元月薪或皇家马德里开出的 600 万欧元年薪高一点。维尔弗里德也对财政公平法案感到放心，由于巴黎圣日耳曼前所未有的高价引援，他曾担心该俱乐部可能会遭到

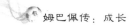

欧足联的制裁（譬如被禁止参加欧战比赛），但安特罗·恩里克保证巴黎圣日耳曼可以通过财务手段解决第二笔上亿欧元的交易。

换句话说，姆巴佩深信巴黎圣日耳曼是合适的去处，但摩纳哥俱乐部没人对此表示认可或感到开心。首先，他们决定惩罚这个想要自作主张而且不准备退缩的男孩。又一次，雅尔丁被迫在新闻发布会上做出解释。这一次是8月16日，也就是对阵梅斯的客场比赛的前两天。

"我们从来没有惩罚球员的习惯，这个词不正确，我们更多的是为了保护他。对于这个18岁的孩子所遇到的一切，我们有责任保护他免受风暴的影响。"葡萄牙主帅雅尔丁说。然后他补充道，造福媒体记者："姆巴佩还没有恢复到百分之百的状态，他现在不适合出场，这是可以预料的。假如另一家报社为你提供了十五倍的薪水，你在笔记本电脑上敲键盘的手指就没法那么利索了！"

所以，为了保护摩纳哥29号球员免受四周媒体风暴的影响，雅尔丁没让姆巴佩在对阵梅斯的比赛中出场。一些媒体也报道说，姆巴佩和安德烈·拉吉在训练场上发生了争吵，导致姆巴佩被罚出了场外。这个来自邦迪的孩子显得紧张易怒，这没什么奇怪。原因很快就揭晓了：他不能做自己最喜欢的事——踢足球。他的主教练公开在媒体上和队友面前批评他，更糟糕的是，他不再是故事中的主角了。非常了解他的叔叔皮埃尔表示，他喜欢掌控自己的生活。

8月27日又发生了一场悲剧，姆巴佩坐在替补席上看着他的球队以6：1击败了马赛，而他没有出场踢上一分钟。

8月28日，姆巴佩在两场世界杯预选赛中代表法国队出场。他们抵达了克莱枫丹，德尚确信这个男孩的精神状态很好，尽管受到了转会流言的影响，但他仍然专注于法国队的比赛。当被问到姆巴佩在法国队正在做什么时，德尚的回应是，他已经近一个月没有踢球了。显然，德尚小心翼翼地避免提到姆巴佩可能转会巴黎圣日耳曼的任何消息。他所说的只是："基利安·姆巴佩目前仍然是摩纳哥的球员。"但他不由地确认双方即将达成协议："未来会告诉我们，他是否做出了正确的选择，但这是他的选择，就像你们知道的。他不准备出国踢球，这得自于他自己的分析判断。他将在摩纳哥度过非同寻常的六个月，他需要更多的时间来证实。你们不会埋怨他留在了法国。他正在转换俱乐部，但仍然留在法甲中。"

太糟了，该说的在说，该做的也在做，摩纳哥还在与巴黎圣日耳曼谈判，虽然他们最初接受了巴黎圣日耳曼俱乐部的提案，但后来又撤回了，并且否决了转会。因而在 8 月 30 日到 31 日的这个晚上，双方仍然没有达成协议。这是转会窗口最后的疯狂时刻。此外，竞争这个来自邦迪的男孩的还有巴塞罗那，他们签下了登贝莱，但没能完成菲利佩·库蒂尼奥的交易。根据《队报》的说法，一架私人飞机正在巴黎勒布尔热机场的停机坪待命，等待姆巴佩一家前往休达孔达尔签署一份可能的协议，然而飞机最终未能起飞。

2017 年 8 月 31 日下午 6 点 30 分，一张姆巴佩的照片出现在了摩纳哥俱乐部网站上，附着两行介绍："摩纳哥俱乐部祝愿加盟了巴黎圣日耳曼俱乐部的基利安·姆巴佩未来一切顺利！谢谢，姆巴佩。"

一分钟后，又轮到了法国首都的俱乐部："巴黎圣日耳曼很高兴地宣布，签下基利安·姆巴佩！欢迎，姆巴佩。"

四年之后——成为职业球员将近两个赛季，58 场比赛，27 个进球和 16 次助攻——法国足球的小瑰宝向摩纳哥道了别。他以一个赛季的租借形式加盟巴黎，合同中包含有 1.8 亿欧元的买断条款。在为内马尔支付了 2.22 亿

欧元之后，巴黎圣日耳曼通过这种方式规避违反财政公平竞争条款，这笔1.8 亿欧元的转会费将在 2018 年夏季正式结清。姆巴佩将与巴黎圣日耳曼俱乐部签署一份合同，合约直至 2022 年 6 月 30 日。他成为了足球历史上身价第二高的球员，仅次于内马尔，同时也创造了两家法甲俱乐部之间最高昂的转会费。

2017 年 8 月 31 日晚 10 点 17 分，姆巴佩换下了吉鲁。比赛到 75 分钟时，法国队凭借格列兹曼和勒马尔的进球，已经以 2∶0 领先荷兰队。仅仅两分钟后，巴黎圣日耳曼的新援接到莱文·库尔扎瓦的传球，第一次触球就险些破门。显而易见，他已经挣脱了束缚，非常渴望上场踢球。每当他在球场上驰骋的时候，他都会令对方防守球员感到恐慌。而在这之前，凯文·斯特罗曼对格列兹曼犯规被罚下，荷兰队仅以十人作战。

晚 10 点 32 分，比赛的第 91 分钟，勒马尔再下一城，比分变成了3∶0；随后来自邦迪的男孩姆巴佩打入了他个人在法国队的处子球。处在右翼位置的他以摧毁性的速度迷惑了那个不知道该往哪儿看的荷兰后卫。他与前队友德吉布里尔·西迪贝二过一配合，用右脚外侧完成了射门，看着皮球穿过了可怜的荷兰门将贾斯珀·西莱森。这只是他代表法国的第五次出场，也是第七次中目标的射门。他跑到看台上，双手抱在怀里，摆出常见的庆祝动作。他是继朗斯队的乔治斯·莱科之后，代表法国队进球的最年轻球员。1963 年 11 月 11 日，乔治斯·莱科在对阵瑞士队的比赛中打入了个人首个国家队进球，年龄是 18 岁零 5 个月（姆巴佩的年龄是 18 岁零 8 个月）。

如果 8 月 31 日星期四对姆巴佩来说是美好的一天，那么 9 月 3 日星期日就没有那么好了。在图卢兹对阵弱旅卢森堡，法国队拥有 76% 的控球率、34 次射门和 635 次传球，但比赛最终以 0∶0 平局收场。在经过了荷兰队的考验之后，这不是人们所期待的结果。姆巴佩在德尚的442阵型中出任首发右边锋，事实上，这不是他习惯的位置，后来他游移到了左路，又进入了中路，踩到了队友的球鞋。尽管如此，他仍然是上半场法国队最能制造威胁的攻击力量。第12分钟，他为格列兹曼送上了一个精彩的助攻，效力于马德里竞技的格列兹曼把球射上了看台。之后的第18分钟和第22分钟，他不断地跑位。他在球场上一直踢到59分钟，德尚决定用金斯利·科曼换下他。外界认为20号球员姆巴佩的表现很好，在许多人看来，他与勒马尔搭档最合适。比赛的结果令人失望，法国队感到惭愧，他们将不得不等到10月10日击败白俄罗斯，才能获得2018年俄罗斯世界杯入场券。

法国队在图卢兹战平的三天之后，基利安·姆巴佩在巴黎加冕。观众几乎坐满了，就像对内马尔一样，他们在王子公园球场的礼堂里正式揭开了新援的面纱，俱乐部主席纳赛尔·阿尔赫莱菲荣幸地担当了这一角色。

"大家好。我很高兴能和你们在一起，对我们来说这是一个重要的日子。我荣幸地向您介绍我们的新援基利安·姆巴佩。对巴黎圣日耳曼俱乐部、法甲联赛和法甲的所有俱乐部来说，这都是一个伟大的时刻。他只有18岁，但全世界都已经认识他了。我不能接受他无法留在法国，因为姆巴佩已经成为了一名伟大的天才球员，也是法国队未来的希望。"阿尔赫莱菲停下来，为了达到更好的效果，屏幕上出现了两张照片：孩童时期的姆巴佩访问王子公园球场。他继续说道："人们不知道为什么姆巴佩会选择巴黎，如果他们看到了这两张照片，他们就会明白了。他对这里很熟悉，因为巴黎是他的城市，巴黎圣日耳曼是他心中的俱乐部。姆巴佩，欢迎回家，欢迎来到巴黎、巴黎圣日耳曼和王子公园球场。"

接下来轮到这个价值1.8亿欧元的男孩了。

他身穿深蓝色西装、白色衬衫和深色领带，优雅而正式的着装与主席的衣着相互呼应，除了领带结打得不太完美之外。18岁的姆巴佩双手交织，站在麦克风前面开始了他的独白：

"大家好！你们都知道，我很高兴加入巴黎圣日耳曼，这是世界上最好的俱乐部之一。这是一家雄心勃勃的俱乐部，他们希望成为最顶级的俱乐部，并且不满足于此。他们已经将一切都准备就绪，努力让梦想成为现实，他们的计划非常扎实、稳定，正是这些吸引了我。此外重要的是，我会继续留在法国，我在顶级赛场效力仅仅才六个月。回家、回到我出生的城市和我长大的地方也是一件非常重要的事。与巴黎圣日耳曼一起，通过巨大的努力、尊重和谦逊，我们可以实现目标，赢得许多奖杯，帮助俱乐部完成所有人的梦想：赢得欧冠。我真的非常高兴，感谢你们所有来到这里的人。"

接下来他感谢了自己的家人、律师团队和巴黎圣日耳曼帮助他完成转会实现梦想的所有人。

下个环节是记者提问。第一个问题："上赛季结束的时候，我们认为你想在摩纳哥多留一个赛季。是什么发生了改变，让你今天坐在了我们面前？"

"说实话，5月份我赢得联赛冠军结束了赛季的时候，我很确定自己会留下。一开始我与主席交谈的时候，我把摩纳哥作为我的首选。我和他见过面，告诉他留下来是我的首选。但某些事情发生了变化，我改变了自己的立场。发生了什么其实很简单，但现在既不是合适的时机也不是合适的地点谈论这件事，我会在适当的时候谈起。我知道很多人都在等待，都有疑惑，这是可以理解的，因为整个夏天这桩转会都是热门话题，但我会很快谈到这件事，解释发生的一切。我花了很多时间与我的家人一起规划未来，我决定加入巴黎圣日耳曼。我认为这对我是最好的选择，因为俱乐部的规划允许我在取得胜利的同时进步和学习。学习很棒，但也必须取胜。球员只有一次职业生涯，而且稍纵即逝。我渴望赢得冠军，我是一个胜利的追逐者，年复一年，日复一日，所以我想要学习，也正在继续学习，但我想获胜，而且就是现在。"

观众席上举起了越来越多的手，问题来自方方面面，关于他的新主帅埃梅里；内马尔的到来多大程度上影响了姆巴佩的决定；他对新赛季的展望；他如何准备应对压力等等。每个人都有一些东西想问，当然，还有一个小问题：关于 1.8 亿欧元。

"这个问题出现了很多次，我的回应总是一样。"姆巴佩说。"我不处理所有的事情，这不属于我的工作范畴，不是我要处理的。就我看来，身价只是一个附带，不会改变我的生活或者思考方式，也不会改变我踢球的方式。钱没有进入我的口袋，也不是从我手里掏出来的，这不是我要担心的事。我只打算出场踢球，我觉得和这样的球员一起踢球会让我感到自由，我会更喜欢。"

新闻发布会即将结束，提问变得更加轻松。"在这里，你妈妈还会像在摩纳哥那样带你去训练场吗？""不，俱乐部给我配了一位司机。"

"你要回家和父母住在一起吗？""我现在住在酒店，但我们要为全家人找一栋房子。一家人住的房子，不只是妈妈和爸爸。"

新闻发布会已经进行了 21 分钟；姆巴佩正在谈论王子公园球场，以前当他有零花钱买机票或者他的兄弟们对阵巴黎圣日耳曼的时候，他经常都会来到这里。随后一名新闻官上台，提醒他说主席和球员们都要到球场上去，一起拍摄官方合影。

先是姆巴佩站在纳赛尔·阿尔赫莱菲身边，穿着 29 号球衣进入镜头。

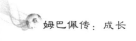

然后是他的个人照，接下来是与维尔弗里德和埃唐合照，最后是和他的父亲、哥哥、皮埃尔叔叔和小表弟一起。拍完了照片，他顺着红地毯走出体育场，向球迷们打招呼。他佩戴着一条"这是巴黎"的围巾，跟他们握手、签名、合影、鞠躬，甚至跳跃。他们相互沟通，球迷们欢呼着："姆巴佩加油，加油，加油！"

第十五章　多纳泰罗

　　都是金庞贝的错，这位来自瓦兹河畔博蒙的后卫就是始作俑者，他该为发生在教练身后的那些大笑负责。漆黑的短发、耳朵上的大耳机和友好的态度，让人很难不喜欢姆巴佩。在那以后，所有的人——从丹尼尔·阿尔维斯到内马尔，甚至是队长蒂亚戈·席尔瓦——都开始用同一个昵称"多纳泰罗"① 称呼他。没多久，席尔瓦为姆巴佩准备了一个惊喜：忍者神龟多纳泰罗的面具，装在奢华的迪奥盒子里。忍者神龟是 1984 年美国出版商幻影工作室创作的漫画书中的人物，后来衍生出卡通片和各种影视形象。忍者神龟多纳泰罗总戴着紫色的面具，特别擅长使用单棍（一种日本武术艺术柔道中的木质工具），他是他们兄弟团米开朗基罗、拉斐尔和莱昂纳多中的智慧担当。不过，多纳泰罗和他们一样，都喜欢没早没晚地吃披萨。

　　巴黎圣日耳曼新生活开始没几天，姆巴佩就变成了多纳泰罗。"我们给他起了绰号，因为他看起来有点像乌龟，"阿德里恩·拉比奥特解释道，"这表明大家对他很友善，他也愉快接受了。"巴黎圣日耳曼的 25 号拉比奥特补

---

　　① 译注：这里的"多纳泰罗"指的是美国动漫《忍者神龟》中一个虚构角色，与意大利文艺复兴雕塑家多纳泰罗同名。

充道。说实话，姆巴佩似乎并不是特别喜欢这个昵称，但他确实很好地接受了："这个昵称让我觉得好笑。它是友谊的良好象征，有助于克服初到更衣室的紧张感。"

9月7日晚上，"多纳泰罗！多纳泰罗"的歌声伴随着碰杯声，响亮而清晰，这是对阵梅斯的比赛前夜，姆巴佩即将完成他在巴黎圣日耳曼的首秀。球队正在吃晚餐，后墙上的大屏幕播放着手球比赛的影像，但似乎没有人在意。他们正在鼓动多纳泰罗发表讲话，这是更衣室新成员的传统规矩。就像军队新兵和大学新生一样，欺负新人是过去留下的传统，也是法国足球和其他地方流传下来的成年仪式。

在队友们的起哄下，来自邦迪的男孩姆巴佩穿着红色运动上衣，站在桌子最末端的椅子上，手里拿着一瓶矿泉水。他拿起话筒说："让我自我介绍一下，我名叫姆巴佩。18岁了，我是一个新人。"然后他开始唱歌，新的巴黎圣日耳曼29号唱了那首弗朗格里什先生与Dadju、贝吉塔演唱的《是时候了》，他刚刚加入法国国家队的时候也唱过这首歌。现在他几乎是个专业歌手，把歌词都背下来了。他唱道：

没有时间了，但现在是正确的时机

我想要牵你的手，但你不愿意，哦

无可饶恕的错误

我本可以成为那个赋予你一切的男人

最好不要过多地评价他的表演！谁知道那位来自巴黎第二十区的说唱歌手弗朗格里什先生会怎么说？从丹尼尔·阿尔维斯的姿态和表情来看，他的感觉不是那么好，但是新人的表现还是得到了掌声和拍打饭桌声。球队中的意大利人马尔科·维拉蒂很喜欢他的表演，晚上 9 点 16 分他在推特上发布了该视频。到了次日的 2017 年 9 月 8 日晚上，姆巴佩在圣西姆福里安球场表演的节目会更成功。最好的还没有到来。

晚 8 点 05 分，他走出更衣室通道，迎向主场球迷的嘘声。他身穿蓝色运动衣和黄色短裤，紧随其后的是内马尔，2.22 亿欧元先生，他在周三巴西国家队对阵厄瓜多尔和哥伦比亚的比赛结束之后才抵达法国。直到最后一分钟，都不确定他是否会出现在首发阵容中，但最终他还是进入了首发名单。比赛开始前不久，他发布了一张与姆巴佩一起在机场停机坪上拍摄的自拍照。来自邦迪的男孩姆巴佩戴着耳机微笑着，指着他的队友，因为内马尔做出了那个著名的沙卡庆祝动作。一切都表明了两人之间的默契，后来在球场上这一点变得更加明显。

皮球在他的脚下，巴黎圣日耳曼的 29 号姆巴佩在与队友们一起热身。他跟大家一起训练的时间非常少，他到法国首都的这家俱乐部才刚六天，又因为内马尔和卡瓦尼的国家队任务，他跟他俩在球场上只遇到过一两次。所以他需要运用自己的直觉。不难想象压力和期待有多么大，这个男孩要在代表巴黎圣日耳曼出战的首场比赛中，证明自己值 1.8 亿欧元。他知道他的表现将被放在显微镜下进行仔细观察，每分钟、每次移动、每个技术细节、跑动、成功的和不成功的传球、尝试带球过人、中目标的射门和偏出的射门，都会被仔细分析。所有人，权威人士和球迷都想要了解这个 18 岁的孩子是否真值这个身价，是否能与 10 号内马尔和"斗牛士"卡瓦尼相比较。但姆巴佩很有决心，他一直知道自己想要什么。几个月后他这样告诉《法国足球》："我告诉自己，我必须在第一场比赛就给别人留下印象。这就是我做的，

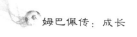

与周围的人立即打成一片很重要。"

这是本赛季的第四场联赛，晚上 8 点 45 分在梅斯与巴黎圣日耳曼之间展开。乌奈·埃梅里选出的首发阵容中包括黄金进攻三叉戟，前一天从乌拉圭返回球队的埃丁森·卡瓦尼突前，右边是姆巴佩，左边是内马尔。这是身价 4.66 亿欧元的世界顶级进攻三叉戟的首秀，这还没有算上为德国球员朱利安·德拉克斯勒支付的 4500 万欧元，他处在三人组的身后位置。

巴黎圣日耳曼对阵的是一支法甲老牌球队：梅斯需要赢得一场比赛。姆巴佩还清楚地记得，上赛季他身穿摩纳哥球衣在对阵梅斯的比赛中完成了帽子戏法。

各就各位，开始。比赛开场三分钟后，姆巴佩沿着左边线跳起了舞，试图过掉两个对手，但是梅斯的 25 号用一次犯规阻止了他。

第六分钟内马尔与姆巴佩在球场中路区域的边缘地带看到了二过一的过人机会，但他们的最后一传被挡了下来。第 14 分钟，巴西球员内马尔与法国球员姆巴佩之间另一次速度极快的转换球成功了，令人印象深刻。这只是两位队友长期密切交流的开始，他们都还没有取得实际的成果，但对方球队已经疲于应付。比赛接近结束的时候，内马尔与姆巴佩不知不觉地经常在球场上寻找对方，两人之间共有 36 次传球，是球场上交流最频繁的，这对未来是个好兆头。

打破僵局的进球出现在第 31 分钟。内马尔为姆巴佩和卡瓦尼打开了局面，他俩都盯着皮球，初来乍到的缘故，姆巴佩让卡瓦尼得球并赢得了进球的荣耀。这是本赛季开赛以来卡瓦尼取得的第七个进球，他立即过来与新人姆巴佩拥抱，感谢他的好意。第 33 分钟，这个男孩向卡瓦尼送上了一个精彩的脚后跟传球，但这次射门被梅斯门将川岛永嗣轻易化解。一分钟后，姆巴佩再次做出尝试：他在左翼开始独自跑位，最终用右脚外侧送出了一记完美的传中，正好落到乌拉圭人卡瓦尼的头球位置，卡瓦尼有充分的自由度将这个传球转化成射门。进球眼看就要取得了，却被川岛永嗣飞身扑出。第35分钟，内马尔从禁区右侧送出横传，29号姆巴佩的头球偏出了球门。主队梅斯很快就扳平了比分：马蒂厄·多塞维在右路找到了机会，他接到了埃马纽埃尔·里维埃的传中破门得分，拉比奥特和门将阿方斯·阿雷奥拉没能阻挡进球。1：1，令人意想不到的场面。

半场结束前，姆巴佩与内马尔配合发动了另一次闪电般的反击。姆巴佩在球场中路跑动出空间，然后突然加速，并把球传给了左侧的10号内马尔。这是一次精准的斜线射门，但是川岛永嗣用指尖改变了皮球的方向，让球偏出了球门下角。

下半场从阿雷奥拉的头球开始，真是太疯狂了。马尔基尼奥斯回传之后，巴黎门将阿雷奥拉决定用他的头而不是脚来为金庞贝传球，无意中却为里维埃送上了一次绝妙的助攻。然而梅斯前锋里维埃打空门不进，给对手送上了一份大礼，皮球飞上了看台。贝诺瓦·阿索·埃科托因对姆巴佩的恶意铲球被罚下场，当时姆巴佩在右路正准备启动，就被铲翻在地。来自邦迪的男孩在草地上滚来滚去，但后来没有什么大碍，喀麦隆后卫埃科托被罚下场。梅斯队发现他们在场上只剩下了10人，也没有了主教练，菲利佩·辛施伯格也被罚下了。比赛形势发生了改变，巴黎圣日耳曼控制了球权，姆巴佩随即完成了进球。第59分钟，巴黎新援姆巴佩尝试挑高球传给内马尔。球打在后卫身上弹回到姆巴佩身边，姆巴佩用右脚完成了一次曲线低射。比分变成了2：1，这位前锋与新球队的故事就这样开始了。他双手环抱，在球迷面前，法国足球的小瑰宝庆祝着他的巴黎圣日耳曼处子球。卡瓦尼跳到

了他的背上，内马尔拥抱了他，却被姆巴佩举了起来。

但比赛还没有结束：第 61 分钟，他的第二个进球几乎肯定有了。当时内马尔身边没有防守球员，他停下来等待 29 号姆巴佩到位，并为他做好了准备。姆巴佩完成了一次强力射门，川岛永嗣被击败了，但是还有尼亚凯特，他不在自己的位置上，转过身用后背挡住了皮球，使它弹了出去。内马尔加快速度，从拉比奥特脚下接过皮球，在禁区边缘用右脚射门。这个进球无可阻挡。还有时间，姆巴佩无意之中为卡瓦尼送上了完美的助攻，让他打入了第二个进球。这是一个从左侧送出的传中球，在一名后卫的腿与姆巴佩的臂之间反弹，卡瓦尼一直注意着皮球的去向，他用脚尖将球送进了球门。第 87 分钟小卢卡斯为巴黎圣日耳曼打入了最后一球。5：1，这是巴黎圣日耳曼本赛季取得的第五场胜利，也是新援的一次完美首秀，赛后，姆巴佩在 Canal+ 电视台的麦克风前谈到了自己的表现。

"那一个进球很棒。我试着要传给内马尔，但后卫挡住了传球路线。我的反应比对手快得多，把球送进了球门。我一直说自己想与伟大的球员一起踢球，现在我正在与法甲联赛乃至欧洲足坛最出色的球员一起踢球。我正在学习他们是如何跑位的，还有他们的专业精神，让我在球场上竭尽所能拿出最好的表现。我想的只是在球场上踢球，主教练做出了决定。今天我真的很开心。我很高兴，对自己的表现感到非常满意。"

他的新队友们也很开心。譬如说，金庞贝在社交媒体 Instagram 上写道："恭喜你取得了第一个进球！多纳泰罗又破门了，奖品是披萨！"

第十六章　新的组合

立即出现了三个问题。第一个是最无用的但也是最有趣的：三管齐下的攻击怎么称谓？你会如何描述这三项奇观？巴黎圣日耳曼新的攻击组合的正确名称是什么？有适合内马尔、卡瓦尼和姆巴佩的昵称吗？如何总结这种爆炸性攻击？

自姆巴佩来到巴黎圣日耳曼的那一刻起，从《队报》开始，外界就这一主题进行了大量讨论，各种各样的建议都有，无论是严肃的还是不严肃的。MCN 是一个简单的解决方案，与最近两个攻击组合皇家马德里的 BBC（贝尔、本泽马和 C 罗）和巴塞罗那的 MSN（梅西、苏亚雷斯和内马尔）保持一致。但是，与 BBC（英国广播公司的缩写）或 MSN（微软的门户网站）不同，MCN 并没有多么令人难忘。MCN 是荷兰海事学校或非洲电视频道蒙太奇有线电视网的简称。换句话说，没什么特别的魅力。此外还有一个解决方案：KEN。

KEN 除了是用的两个名和一个姓之外，还会让人立刻想到肯－美泰公司的玩偶和芭比永恒的男友。这些都是一些简单的缩略词，或许不应该限制想象力。由于姆巴佩被取了一个多纳泰罗的绰号，有人建议用另外的忍者神龟给他们三个命名。但有四只忍者神龟，况且除了姆巴佩，其他人看起来并不像米开朗基罗、拉斐尔或莱昂纳多。由于法国是他们之间的纽带，有人很聪明地想到了亚历山大·大仲马笔下的三个火枪手。但书中的达达尼昂怎么办？除此之外，法国体育运动中已经有人使用了四个火枪手的绰号（让·布鲁特拉、雅克·布律尼翁、亨利·科歇、勒内·拉科斯特），这些网球运动员在 1927 年至 1932 年间连续六次赢得戴维斯杯冠军。于是各方的建议从严肃走向了滑稽：恶魔三人组，天启骑士，三大男高音，9 号、10 号和 29 号，梦想三叉戟，三位一体，不胜枚举。最终 MCN 被选中了，再就是姆巴佩 - 卡瓦尼 - 内马尔，只是用连字符把他们的名字连起来。

现在是第二个问题。这是一个严肃的问题。所谓的 MCN 能否成为足坛最好的进攻组合？三人组合一起进行了六场比赛之后，答案只能是肯定的。

法甲和欧冠的比赛细节如下……对阵梅斯（5：1），他们第一次一起出场，打进了三个球（两个来自卡瓦尼，一个来自姆巴佩）。9 月 12 日在格拉斯哥凯尔特公园，欧冠小组赛首场，三位球员展示了精彩的配合。在这场欧战比赛中，苏格兰球队受到了最沉重的主场失利打击，丢了五个球。内马尔首开纪录，然后是姆巴佩，他接到 10 号内马尔的传球头槌建功，打入了他在巴黎圣日耳曼的第二个球。卡瓦尼罚进的点球让凯尔特人雪上加霜，而后又在比赛即将结束时头球破门。米卡埃尔·卢斯蒂格也助了一臂之力，他自摆乌龙让巴黎圣日耳曼取得了第四个进球。短短两场比赛，MCN 组合打入了六球。

在法甲联赛中，9 月 17 日对阵他们的头号敌人里昂队，三人无一人取得进球。但是感谢马塞洛和杰雷米·莫雷尔，巴黎圣日耳曼以 2：0 取胜。两个球都是乌龙球，第一球由卡瓦尼策动（马塞洛不慎自摆乌龙）；第二球是姆巴佩的射门，皮球在安东尼·洛佩斯的脚和莫雷尔的腿之间反弹，最后飞进了球门。值得一提的是，姆巴佩被犯规后裁判判罚了点球，卡瓦尼主罚击中了横梁。9 月 23 日，内马尔因伤缺席了对阵蒙彼利埃的比赛，结果是 0：0。在连续六场取胜之后，这是巴黎队的第一次平局，但四天后，周三 9 月 27 日在王子公园举行的比赛中得到了补救。

这次他们的对手是老牌豪门球队之一，拥有托马斯·穆勒、莱万多夫斯基和哈梅斯·罗德里格斯的拜仁慕尼黑。此外欧冠教练席上还有一位欧冠老手：卡洛·安切洛蒂。对巴黎圣日耳曼的三叉戟来说，这是一次火力进攻考验，也是一次完美的测试，看看他们到底有多出色。仅仅两分钟过后，巴伐利亚球队拜仁慕尼黑就已经落后了，多亏了内马尔：他从左路进入禁区，吸引了一大群防守球员的盯防，让丹尼尔·阿尔维斯在右路完全放空了；10 号内马尔完美地完成了比赛，他把皮球从乌尔赖希的两腿之间踢进了球门。第 31 分钟，姆巴佩跑到左翼并进入了禁区，身后还跟着两位防守球员，但他转过身来，轻轻触球，为快速插上的卡瓦尼送出助攻，卡瓦尼顺利破门得分。下一项工作由姆巴佩和内马尔二人组完成。29 号姆巴佩独自完成了所有艰苦的任务：他在两名拜仁慕尼黑球员之间穿梭，正当门将冲出来的时候，他把皮球从对角位置传到了中路。而当内马尔击溃防守球员破门得分的时候，他们还像雕塑似的一动不动。

整个欧洲足坛的心都开始因 MCN 进攻组合而颤抖，更不用说法国了，这从金元俱乐部击败了波尔多开始变得愈发明显，当时波尔多排在积分榜第三名并保持不败。9 月 30 日，波尔多队打进了二球，但他们丢了六个球。庆祝活动从一个幸运的任意球开始，这个球击中了横梁，随后从门柱边的死角弹进球门，又是内马尔的功劳。第 12 分钟，姆巴佩脚后跟传球给内马尔，内马尔助攻卡瓦尼将比分变成了 2：0。第三个进球来自托马斯·默尼耶。

波尔多苏醒了过来，把比分追成了 3：1，但是内马尔的点球再为巴黎圣日耳曼锦上添花。还有一个进球来自朱利安·德拉克斯勒。比赛仅仅 45 分钟之后，比分就变成了 5：1；这是巴黎圣日耳曼第一次在上半场打进这么多球。第六个进球来自姆巴佩，他把进球献给了前摩纳哥队友门迪，几天前他在对阵水晶宫的比赛中遭遇了严重的伤痛（膝盖十字韧带断裂），几乎会错过整个赛季。来自邦迪的男孩身着巴黎圣日耳曼球衣打进了他的第二个联赛进球，他想到了不幸的朋友，左右手各举起两根手指提醒着大家 ①。

故事讲到这里，我们可以看看一些评估和统计数据，MCN 组合奉献了 14 个进球和 6 次助攻，甚至领先于近期最著名的攻击三叉戟：MSN。梅西、苏亚雷斯和内马尔，在 2014-15 赛季他们的初次搭档中，仅仅六场比赛就打破了纪录，四场在西甲赛场，两场在欧冠（对阵阿贾克斯和希腊人竞技），他们打进了 12 球，互相之间有 6 次助攻。

对于姆巴佩、卡瓦尼和内马尔来说，连胜仍在继续。10 月 14 日客场对阵第戎，尽管有些困难，但默尼耶的两个进球帮助巴黎圣日耳曼以 2：1 取胜。卡瓦尼不在球场上，内马尔未能拿出良好表现，姆巴佩则两次看着自己的射门被对方门将雷奈扑出。在欧冠对阵比利时的安德莱赫特时，三位超级巨星强势回归。开赛仅 160 秒，维拉蒂就为姆巴佩送上助攻，后者完成了一次犀利的射门：欧冠出场 12 次打入 8 球，对一个孩子来说还不错！本泽马、法尔考和卡瓦尼本人也取得过类似的成就。随着中场休息临近，三大男高音指挥管弦乐队达到了高潮：内马尔号火箭从边缘突入禁区，但不知何故皮球被泽尔斯挡出，弹到了姆巴佩头上，姆巴佩帮助卡瓦尼将比分改写成了

---

① 译注：姆巴佩手势的意思是"22"，因为门迪在曼城的球衣号码是 22 号。

2：0。然后是 10 号内马尔，他踢出一个低平的任意球，穿过人墙下方，三球领先。迪马利亚随后也加入了 MCN 的表演之中。

巴黎圣日耳曼还没有在欧冠中丢掉一分，他们也统治了国内联赛。三叉戟打入了一连串的进球，第三个问题随之到来：他们是否会成为足球历史上最伟大的进攻三叉戟之一？为了做好准备，接下来简要介绍一下他们的竞争对手。每个人都有个人偏好和品味，取决于你所处的环境、你住的地方、你支持的人、你最喜欢的颜色、你看过多少个赛季、你最喜欢的足球风格或任何你喜欢和讨厌的事物。但是，无论你是否同意，一些三叉戟是足球历史上的里程碑。

回想黑白的足球年代，我们怎能忘记"黄金之队"——20 世纪 50 年代的匈牙利国家队呢？他们有三位前锋：费伦茨·普斯卡什、桑多尔·柯奇士和南多尔·希代古提。1953 年在温布利球场，他们以 6：3 胜了现代足球缔造者英格兰，1954 年却在与德国队的世界杯决赛中莫名其妙地失利。

20 世纪 50 年代后期，出现了迪迪、瓦瓦和贝利，三个巴西人在 1958 年和 1962 年惊艳了全世界。埃得森·阿兰德斯·多·纳西门托（贝利）运球并完成进球，迪迪在边路奔跑，瓦瓦担任纯中锋。别忘了，还一个能灵活运用各种各样足球技巧的加林查。同一时期，这次是在西班牙，确切地说是马德里，1958 年一个童话三叉戟组成了：阿根廷人阿尔弗雷多·迪·斯蒂法诺被称为"金箭头"，匈牙利人费伦茨·普斯卡什被称为"飞奔的少校"，以及西班牙人帕科·亨托。他们穿着皇家马德里的球衣，代表白衣军团击败法兰克福，赢得了第五座欧洲冠军杯。

在英格兰，20 世纪 60 年代中期迎来了红魔曼联的"圣三一"组合：乔治·贝斯特，一位北爱尔兰有缺陷的天才；博比·查尔顿，曼联历史上最伟

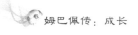

大的得分手之一；以及终结者丹尼斯·劳。三人中的每一位都赢得了金球奖。他们的成就来自 1968 年的欧洲冠军杯决赛，当时他们以 4：1 横扫了尤西比奥的本菲卡。贝斯特、查尔顿和劳的三叉戟雕像矗立在老特拉福德球场前，每个曼联球迷都在纪念碑下拍照留念。

20 世纪 70 年代，这是阿贾克斯和发条橙的足球时代。14 号约翰·克鲁伊夫，足球美学家和哲学家，右翼的约翰尼·雷普和左路的皮特·凯泽尔，组成了阿贾克斯的 433 阵型。1973 年 5 月 30 日，这是个难忘的日子，雷普在对尤文图斯的欧洲冠军杯决赛进球，帮助阿贾克斯赢得了三连冠。同样值得铭记的还有 1974 年，这个特殊的三叉戟组合将荷兰带进了在当时西德举行的世界杯决赛。

还有德国，接下来是 20 世纪 70 年代中期拜仁慕尼黑的乌利·赫内斯、盖德·穆勒和卡尔－海因茨·鲁梅尼格。1976 年，两位金发球员和白棕发的穆勒开始进攻对手的防线，得到了"恺撒大帝"弗朗茨·贝肯鲍尔的极大支持。穆勒和鲁梅尼格也赢得了金球奖，前者是 1970 年，后者是 1980 年和 1981 年。

回到巴西，因为巴西人总是争论的焦点：1970 年的墨西哥世界杯，巴西在决赛中以 4：1 击败意大利，当时有雅伊济尼奥、托斯唐和贝利；以及 2002 年的日韩世界杯，当时的三 R 组合罗纳尔迪尼奥、里瓦尔多和罗纳尔多，也迎来了属于他们的一天。罗纳尔多，"外星人"，以八个进球赢得金靴奖；里瓦尔多进了四个；而之后效力于巴黎圣日耳曼的罗纳尔迪尼奥，进了两个球。英格兰守门员大卫·希曼永远都不会忘记罗纳尔迪尼奥那记精彩绝伦的任意球。

2003-04 赛季，阿尔塞纳·温格的枪手在没有输掉任何一场比赛的情况下赢得了英超联赛冠军。他们追平了 1988-89 赛季普雷斯顿创造的纪录，被称为"无敌舰队"，这要感谢阵中的三叉戟罗伯特·皮雷、丹尼斯·博格坎普和亨利，亨利打进了 30 个联赛进球，成为了该赛季的最佳射手。

现在是最近的 MSN。在他们的第一个赛季中，梅西、苏亚雷斯和内马尔打入了 122 个进球，并捧回了西甲联赛冠军、欧冠冠军和国王杯冠军的三冠王。内马尔离开之前的三年里，他们在 135 场比赛中打进了 344 个球。

最后，BBC 组合，这三人在过去的三个赛季中平均进球 100 个，连续两年赢得欧冠冠军。

法国的小瑰宝姆巴佩、"球王 2.0"内马尔和"斗牛士"卡瓦尼，是否会在足球历史上留下自己的一个席位呢？谁知道？

第十七章　欧洲金童

2017 年 10 月 24 日星期一下午 6 点 50 分，姆巴佩身穿黑色燕尾服和白色衬衫，打着领结，从奔驰商务车上下来，走进了蒙特卡洛体育俱乐部，维尔弗里德、费扎和埃唐陪着他。那天晚上，这个来自邦迪的男孩回来了，摩纳哥这座城市曾经见证他完成了法甲首秀，加冕了联赛冠军。如今他回来寻根，捧起 2017 年的金童奖。姆巴佩赢得了金童奖，从 2003 年起，都灵的体育日报《都灵体育报》一直将这一奖项授予欧洲 21 岁以下的最佳球员。

巴黎圣日耳曼的新秀姆巴佩以 291 分的得分毫无争议地获奖，几乎是第二名、他的同胞登贝莱的两倍，当时登贝莱刚被签约到了巴塞罗那，他得了 149 分。第三名是曼联球星马尔库斯·拉什福德，得到了 76 分。领奖台下的第四名是出生在圣保罗的曼城球员加布里埃尔·热苏斯（72 分）。巴黎圣日耳曼的 29 号姆巴佩被神化了：35 名投票者中，只有 3 人没有把他排在第一位，这是此前从未见过的压倒性胜利。姆巴佩之前 2016 年的获奖者是从拜仁慕尼黑租借到斯旺西效力的葡萄牙中场雷纳托·桑谢斯。姆巴佩加入了金童奖获奖者之列，获得这一奖项的还包括韦恩·鲁尼（2004）、莱昂内尔·梅西（2005）、塞斯克·法布雷加斯（2006）、马里奥·格策（2011）、伊斯科（2012）、保罗·博格巴（2013）和安东尼·马夏尔（2015）。

然而，在这个"星光熠熠的夜晚"之前，这位巴黎前锋首次遭到了法国媒体的批评。自10月14日对阵第戎的客场比赛以来，对他的抨击一直很强烈。"从他在法甲联赛爆发以来，这是姆巴佩第一次让我们失望。""前45分钟隐身，下半场他则犯下了一连串惊人的失误。"显而易见，他不得不率领巴黎发起进攻，卡瓦尼的缺席并没有给他带来好处，他在进球前犯了一些很少见的错误。"媒体和评论员毫不松口。

主帅埃梅里为他辩护："你认为姆巴佩目前的表现不佳吗？不，姆巴佩是一名年轻球员，获得更多经验之后，他将继续取得进步，这对他来说是非常积极的一面。对阵第戎的比赛中他错过了很多的机会，但这是经验累积的一部分，也是他旅程的一部分。他很聪明，所有人都喜欢他。他给球队带来了助攻和组合的一些新东西，特别是在球门前的表现。"欧冠对阵安德莱赫特的比赛前夕，西班牙主教练埃梅里补充道："如果明天他有相同的得分机会，那么他肯定能把机会转换成进球。"

继续保持信心是正确的。客场对阵比利时的安德莱赫特，比赛第三分钟，在与马尔科·维拉蒂的一次精彩配合过后，姆巴佩打破了僵局，并打开了球队以4：0的取胜之路。巴黎圣日耳曼在B组中大踏步前进，但这个进球还未能结束所有的争议，最坏的情况还没到来。

10月22日星期日的晚上，韦洛德罗姆体育场对阵马赛的比赛上，"姆巴佩踢出了自加入巴黎圣日耳曼以来最糟糕的一场比赛"；"毫无疑问，这是他一年来最差的表现"；"这是他年轻的职业生涯中最糟糕的比赛之一"；"他真的真的未能闪耀全场"；"他在球门前错过了进球机会，没有参与任何防守，对皮球显得漠不关心，姆巴佩的第一次法国国家德比就这样过去了。"《队报》给了他打了 2 分（满分 10 分）。

　　不仅是他在球场上的表现引发了媒体的愤怒，这位巴黎圣日耳曼新援还有一个问题，他似乎看起来不知道如何沟通，他与大部分球员的表现很不一样。中场哨声响起后，姆巴佩因用手抓住裁判而遭到了警告，他要求得到一个点球，指责裁判的表现"不合格"。外界的严厉批评如潮水般袭来。一种说法称他是一个傲慢、自负的男孩，短短几个星期里，他从一个"各方面都很好的年轻人变成了一个妄自尊大的青少年"。有人暗示他是受到了内马尔的不好影响，巴西人甚至"污染了他的大脑"，现在姆巴佩认为自己是"内马尔 3.0"了。简而言之，有句话叫做被名誉冲昏了头脑，姆巴佩不再是所有人眼中的"法国明星"了。当一个曾经引起轰动的球员连续两场联赛中没有进球，而且没有达到他平时的水准时，就会发生这种情况。

　　但在某种程度上，姆巴佩也被外界过分关注了。看样子他能够扭转局面。他想到了这一点，并且得出结论。超过 90% 的球员都会在两场以上的比赛中打不进球，但没有人批评他们，因此如果他受到了这么大的压力，那一定是件好事。表明他的水平提升了，他的状态发生了改变；他现在是一个重要的球员了，背负着很高的期望。

　　所以他保持着微笑，穿上了一件印着数字 97005 的白色耐克 T 恤，颁奖典礼开始之前，在摩纳哥酒店房间里等着，准备接待整个《都灵体育报》记者团。他的母亲费扎关上了卧室的门，而好奇的埃唐一直在试图偷看。姆巴佩得到了一份《都灵体育报》，报纸头版是他的照片，他用不太熟练的意大利语笑着说："谢谢你。"

　　随后是《都灵体育报》的拍照、握手、签名和独家专访。法国小王子谈到了各种各样的事情。关于摩纳哥、巴黎圣日耳曼、法国国家队、欧冠、意大利足球、金童奖前任得主，以及他最近受到的批评。"我非常能理解，"他说，"每场比赛人们都对我抱着很大的期望，但球员很难在每场比赛中都保持最高水平，只有伟人才能掌控得住。到目前为止，我已经做了一些很不错的事，如果我继续努力，我还可以做得更好。我还生活在梦想之中，我必须利用这一点努力工作。"他还谈到了早熟和他的童年偶像："C罗？当然，像他这样的人不曾赢得这个奖，似乎很奇怪；但有些球员很早就成熟了，比如法布雷加斯和梅西，还有的球员后来才发挥出了潜力。"

关于另一个主题，另一个范例：蒂埃里·亨利。"我很荣幸能与他比较，但我不想成为新的亨利，也不想成为新的任何人。我只想做自己，姆巴佩，书写自己的故事。当别人的复制品毫无意义的，我想成为一个原创的自己。"他还谈到了自己与内马尔的关系。"内马尔对我的评价很高，我非常荣幸。他知道我很佩服他，很爱他。如果像他这样的球员能让你在他们的羽翼之下踢球，你就拥有了进步所需的全部条件。我觉得他在巴塞罗那的足球生涯是非凡的，在那里他赢得了一切。我也希望能在巴黎圣日耳曼赢得一切，因此对我来说，向内马尔学习是取得进步和实现目标的最好方式。"

由此可见，站在蒙特卡洛体育俱乐部星光大厅里的是一个雄心勃勃的18岁男孩。宣布他的名字时，他离开自己的桌子，走上了弗兰克·辛纳特拉、查尔斯·阿兹纳弗、史蒂夫·汪达、埃尔顿·约翰和乔·库克表演的舞台，捧起了2017年欧洲金童奖。在包括他的前任主帅莱昂纳多·雅尔丁和摩纳哥副主席瓦西里耶夫等300名受邀嘉宾面前，他心情激动地从《都灵体育报》总编保罗·德·保拉手中接过了奖杯，一座沉甸甸的金球。当时是晚上8时25分。

"我想把这个奖献给我的小弟弟埃唐，他也是现场观众中的一个。"姆巴佩说，他看到另一件礼物也送来了，一件签了名的 C 罗球衣。姆巴佩的父亲维尔弗里德对着麦克风说："我们非常开心，今天他的才华和我们全家所付出的辛勤劳动都获得了回报。不，我对姆巴佩的成绩并不感到惊讶，唯一令人惊讶的是这一切发生得如此之快。但他现在所做的也是他小时候常做的事，看他以前的踢球回放就知道了。"

"赢得这个奖项真的让我感到很荣幸，而且在摩纳哥领奖似乎具有象征意义。这为我继续努力提供了新的动力。"姆巴佩解释道。他看着手中的奖杯，补充说："我会把它放在家里的展示柜上，我们刚刚搬了家。"还有一个问题："你会赢得下一座金球奖吗？""我不知道，我无法预测未来。"来自邦迪的男孩躲过了这个问题。

但未来就在转角处，即将来到。

2017 年 12 月 7 日《法国足球》公布了金球奖的排名。媒体已经透露，C 罗将以 946 分赢得自己的第五座金球奖奖杯。他获得金球奖的次数追平了梅西，他大声告诉全世界，他是"历史上最好的球员"。所有的人都可以就这个话题自由发表个人意见；而答案要留给后人去判断。

阿根廷球员、巴塞罗那 10 号梅西排名第二，巴黎新星内马尔也站在了领奖台上。到目前为止，还是可以预测到的结果；但若瞥一眼前十，则会有惊喜。第四名是尤文图斯接近不朽的门将布冯；第五名卢卡·莫德里奇，皇家马德里的克罗地亚中场；第六名塞尔吉奥·拉莫斯是皇家马德里的队长；第七名，得到 48 分，姆巴佩！巴黎圣日耳曼的 29 号领先于拜仁慕尼黑的波兰前锋莱万多夫斯基、英格兰中锋哈里·凯恩，卡瓦尼，乌拉圭杀手苏亚雷斯，法国国家队队友格列兹曼、坎特和本泽马，以及他的前摩纳哥队友法尔考。

　　成为职业球员，度过令人难以置信的半个赛季，留下一座冠军之外，姆巴佩还打破了另一个年龄纪录。只超过六天，他击败了迈克尔·欧文成为获得金球奖提名的最年轻球员。

　　除了曾在 1998 年的第一次金球奖提名中获得第四名的利物浦前锋欧文，巴黎神童姆巴佩比过去和现在的大多数顶级球员都具有明显的名次优势。例如 C 罗，他于 2004 年首次进入排名，年仅 19 岁，最终排在第 12 位。梅西 2006 年首次被提名，也是 19 岁，位居第 20 位。内马尔 2011 年首次入围，只有 19 岁，排在第 10 位。"外星人"罗纳尔多曾经两次赢得金球奖，他于 1995 年首次亮相，年龄也是 19 岁，但排名不高于第 26 位。

　　几个月之前，谁敢打赌会有这样的结果？连姆巴佩自己也不敢相信。宣布提名之际，这个男孩也列出了自己的名单，他把自己排在了第 18 位和第 30 位之间。"我真的没想到是第七名。我的第一次提名就能进入前十是超乎寻常的，我真的开始走上核心舞台了。我非常尊重所有那些伟大的球员，我曾经在电视上看他们踢比赛，或在游戏中操作他们的角色。现在这种感觉很奇怪……"姆巴佩向《法国足球》承认。奇怪的是，这是千真万确的，这个男孩不得不承认，在这么多冠军球员面前感觉自己有点像个孩子，但他并不觉得自己像个入侵者。当然，正如他的父亲所言，一切都以闪电般的速度发生了；可能太快了，但姆巴佩不是那种会被自己吓倒的人。

　　2017 年 12 月 20 日，在他年满 19 岁时，他决定换个头发颜色，他来到布洛涅 - 比扬库尔 235 号理发师大街的美发店，这家美发店负责打理巴黎圣日耳曼球员阿方斯·阿雷奥拉和朱利安·德拉克斯勒，尤文图斯球员卡瓦多·阿萨莫阿、道格拉斯·科斯塔和布莱斯·马图伊迪，以及切尔西球员蒂莫埃·巴卡约科的发型。姆巴佩把头发染成了金色。一个新的发型，去年夏天他也做过类似的事，理发师曾在社交媒体 Instagram 上骄傲地晒出了自己的作品。照片中姆巴佩的双手交叉抱胸，这是他标志性的进球庆祝动作。在罗格斯训练基地款待队友的时候，他都会炫耀自己的白发，戴着红色的耐克帽子，穿着巴黎圣日耳曼运动服。这天晚上，伴随着内马尔的笑声，各种笑话、噱头和"生日快乐"的合唱，姆巴佩吹灭了迷你草莓蛋糕上的蜡烛。他在王子公园球场庆祝了自己的生日。这是本赛季的第 19 场比赛，而他刚满19 岁，这是一个完美的巧合，也是奉献一场表演的理由。

比赛第 21 分钟，他越过了两名防守队员，以极快的速度来到了右翼，过掉达·席尔瓦之后，他抬头看到禁区内的卡瓦尼，送出了一个传中球。乌拉圭射手卡瓦尼完成了一个沙滩足球运动员马杰尔似的脚后跟射门。令人惊叹！巴黎圣日耳曼 1：0。

第 57 分钟，脸上贴着一块纱布的内马尔，带球从左路传给了洛塞尔索，后者潜入禁区，一直把球带到底线，送出了一记助攻。姆巴佩面对卡昂门将雷米·沃克托雷，毫不留情地左脚抽射破门。

这是今年的最后一场比赛，最终巴黎以 3：1 取胜。姆巴佩当选全场最佳球员。令人印象深刻的 12 月就此结束：五场比赛奉献四个进球和三次助攻。他为自己疯狂的 2017 而欢庆：他在俱乐部和国家队的各项赛事中取得33 个进球（摩纳哥 20 个，巴黎圣日耳曼 12 个，法国队 1 个）。他是年度法国最佳射手，领先了亚历山大·拉卡泽特（里昂和阿森纳）的 32 个进球，安东尼·格列兹曼（马德里竞技）的 29 个。姆巴佩在欧冠中打入 10 球，是取得这一成就最年轻的球员。当他登上飞往多哈的飞机，前往巴黎圣日耳曼的冬季训练营时，他完全有权利备感快乐。2017 年是属于他的，据社交媒体 Pressedd 的研究显示，姆巴佩是 2017 年被提及次数最多的法国运动

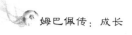
员。他的名字惊人地出现了 44056 次，排在了德尚、鲁迪·加西亚和齐达内之前，排名第 1 位。更惊人的是，统计数据显示，这个来自邦迪的男孩在 2016 年只排在第 219 位。

第十八章　过招C罗

　　巴黎圣日耳曼没有时间可以浪费了。为了准备即将到来的比赛，在今年对阵卡昂的最后一场正式比赛结束后，姆巴佩和他的队友就飞往了卡塔尔。来自法国首都的巴黎圣日耳曼将于 12 月底在多哈进行为期三天的短暂集训。经历了一个充满希望的上半赛季之后，俱乐部高层决定尽一切可能让球队在 2018 年的世界足坛上，留下属于他们的印记。

　　这次专程的中东之行是从赞助商巧妙运作的宣传活动开始的，球员们变身为豪华旅行推销员，出现在城市的各个角落进行品种繁多的营销活动。最为引人入胜的是 MCN 与队长蒂亚戈·席尔瓦在波斯湾进行的一场不可思议的足球比赛，他们把一个浮动的平台当作了足球场。这是一个了不起的安排，让四位球星来到多哈湾，以雄伟的建筑物作为背景。姆巴佩很放松，他在社交媒体上发布了一张装扮成穆斯林酋长的照片，再次证明他很容易找到快乐，适应环境。在卡塔尔，他似乎找回了第一次来到摩纳哥时的笑容，笑得无忧无虑。在一段视频中他开着一辆高尔夫球车，带着内马尔前往训练场，他展示出自己开得有多么娴熟。而在全世界的电视摄像机前，在谈论到加盟巴黎的最初六个月的话题时，这个来自邦迪的孩子也展示了他的专业性。

他对 MCN 有什么看法？"卡瓦尼是世界上最好的前锋，内马尔即将成为这个星球上最好的球员。我在他们身边，怎么能不向他们学习，让自己变得更好呢？"

巴黎的生活怎么样？"我再也不能出门了，我不得不留在家里。是的，情况发生了变化，好像我成了一个真正的'明星'！"欧冠怎么样？"我们知道自己的价值，但最重要的是我们知道必须做些什么才能赢得欧冠。有越来越多的球队有实力赢得冠军，我们就是其中之一。"

但在新闻发布会上，他没有谈到即将到来的与皇家马德里球员、他的童年英雄 C 罗之间的对抗。去年 12 月 11 日在瑞士欧足联总部进行的欧冠十六强对阵抽签仪式之后，这场对决就引发了公众的想象力，将其看作是两个球员之间有可能发生势能偏转的一战。但是姆巴佩宁愿付出任何代价来避开欧冠两连冠的皇马，他希望抽到瑞士球队巴塞尔。当看到西班牙俱乐部的名字出现在电视屏幕上的那一刻，他无法掩饰内心的失望。他失声喊出一句："不可能！"随后他迅速恢复过来，面对跟着他拍摄法国电视纪录片的镜头说："让我们冲吧！我们要努力战斗！"

短暂停留多哈期间，姆巴佩在接受《马卡报》采访的时候，谈到了两个欧洲足球巨头之间的两回合对决。这家西班牙最受欢迎的体育日报于 12 月 27 日在头版刊登了引人注目的头条新闻："我们将前往马德里，向全世界发出我们的声音。"法国球员姆巴佩在采访中明确表达了他的野心：

"我们是世界上最好的两支球队。他们已经连续两年赢得了欧冠冠军，而我们还在成长中……这场比赛是我们俱乐部对抗欧冠冠军的见证，我们都非常有动力。C 罗？小时候他就是我的偶像，当我到访巴尔德贝瓦斯基地的时候，我很希望能遇到他。但我是一个竞争者、一个对手，我想要赢得比赛，继续获胜。对手是谁不重要，我们只想获胜。我小时候就喜欢他，但现在已经翻篇了。现在我要去伯纳乌参加比赛并取得胜利。"

这组对决的基调已经定下，排名法甲第一的巴黎圣日耳曼俱乐部及其年轻前锋姆巴佩的胃口很大："巴黎圣日耳曼在短短几天的时间内顺利完成了一场名副其实的精彩演出，他们前往卡塔尔，姆巴佩还接受了西班牙的采访。"俱乐部一位内部人士说。他们展示了自己的财力和沟通能力。最重要的是，他们证实了自己最新的竞技野心与他们的年轻新援富于进取精神的言辞相一致。值得记住的是，当时皇家马德里正在联赛中苦苦挣扎，齐达内正在经受批评。许多法国人认为这是巴黎圣日耳曼的好机会，但事实证明一切都是误导。

更不幸的是，在马德里伯纳乌球场举行的欧冠八分之一决赛首回合的准备阶段中，姆巴佩远远没有达到自己的最好状态。在球队刚开始在法国杯比赛中对阵雷恩的时候（6：1），他加足了马力，奉献了两个进球和两次助攻。但从那以后他就日渐低迷，只在 1 月 17 日法甲对阵第戎的时候打进了一个球。由于一些困难的逐渐累积，姆巴佩的出场时间其实非常少：首先，他在 1 月 21 日与马赛门将安东尼·洛佩斯发生剧烈冲撞，头部受伤。然后是在 1 月 30 日法国联赛杯半决赛对阵雷恩时，他拿到了职业生涯的第一张红牌，对方左边锋伊斯梅拉·萨尔的丑陋犯规激怒了他，对方的鞋钉踩到了姆巴佩的小腿。

"能够上场踢球肯定会更好，不过我不认为这是一个问题。我正处在自己的节奏中，我会非常渴望比赛。"伯纳乌客场比赛的前几天，姆巴佩这样安慰自己说。他在 2 月 14 日对阵皇家马德里的比赛中首发出场。开局阶段他可以说是谨小慎微，第 33 分钟，他有机会打破僵局：他从右翼送出传球，被纳乔解围但没踢出多远，拉比奥特跟上射门，打入了纳瓦斯把守的球门。1:0。

绝妙的灵光乍现，姆巴佩无意中激起了他与C罗的决斗，这足以刺激C罗。五座金球奖得主在上半场最后时刻大力抽射打入点球，将比分扳成了1:1。下半场比赛重新开始的时候，巴黎圣日耳曼一边开始大放异彩：内马尔的策应无可挑剔，但是姆巴佩的射门缺乏精准，纳瓦斯拿出了最好的表现。射门不中！这是一次很好的机会，而且具有决定性，因为在比赛即将结束时，C罗用膝盖打进了第二个球，马塞洛则让比分定格在了3:1。巴黎圣日耳曼29号姆巴佩非常失望，特别是在比赛临近结束时，他本可以让比分变成3:2，让球队保留晋级八强的机会，但是皇马的哥斯达黎加门将纳瓦斯第二次做出了顶级表现。

姆巴佩不需等待媒体的判决，就知道比赛机会已经失去了。《队报》在10分的评分里只给他打了4分，并评论道："他本应该表现得更有效率。他有机会给皇马致命一击，但不管是因为他太过着急，还是无法做出正确的决断，他都没能扭转战局。"

现在这位年轻的巴黎前锋脑子里只有一件事：两周后他要在王子公园球场复仇，加入到伟大前辈拉易、瓦尔多和吉诺拉的行列，他们曾在1993年欧洲联盟杯四分之一决赛第二回合以4:1战胜皇家马德里。不幸的是，第二回合的备战遭遇了更多的挫折：2月25日内马尔在联赛中严重受伤，缺席了剩余的赛季。三天后轮到了姆巴佩，对阵马赛的第46分钟他一瘸一拐地下了场。他的脚踝受了伤，很长一段时间他都在摇摆，"俱乐部想让我出场，"姆巴佩后来在Canal+电视台的纪录片中表示，"但我和家人讨论后，我不想冒任何风险。最后，考虑到诸多情况，决定让我出场比赛。"

虽然姆巴佩的状态不是百分之百，但他们差一点就成功了。3月6日在王子公园球场的竞争接近白热化，姆巴佩有机会在第 43 分钟改变比赛。当时比分还是 0 : 0，他在禁区右侧接到了一个完美的传球，皇马防守球员的疏忽给了他从容带球的机会。他瞥了一眼，看到卡瓦尼正处在一个理想的位置，接球后可以瞄准近门柱射门，但姆巴佩做出了不同的选择：他突然朝对角线射门，想试试自己的运气，然而就像第一回合一样，纳瓦斯将球扑出了。来自邦迪的孩子只能懊丧地抱住脑袋，他的乌拉圭队友卡瓦尼也表达了不满。虽然一切都在转瞬之间，但姆巴佩的选择显然不是正确的。"两场比赛中，他已经错过了三次制胜的机会，显示了他与 C 罗之间的差距。葡萄牙球星 C 罗在下半场开场不久打破僵局，用自己的第三球终结了晋级悬念。这两回合比赛对他来说是一次圆满的成功，而姆巴佩在射门时表现得太差了。"

又一次以 1 : 2 失利，又一场残酷的淘汰赛，俱乐部为争夺欧冠付出了沉重的代价（近 1300 万欧元），对比某些媒体的评论苛刻嘲讽，一位前巴黎圣日耳曼球员的分析要友善得多。

《欧洲体育》："姆巴佩的表现没有达到预期。与他的偶像 C 罗相比，他可以看到自己还需要做些什么才能成为一名顶级球员。"

《So Foot》："今晚姆巴佩看起来更像卡通乌龟富兰克林[1]，而不是多纳泰罗。他会 2 的乘法，会系鞋带，但没有给卡瓦尼提供支持。"

"他们对姆巴佩的抨击是不公正的，"前皇家马德里中场、冬季转会窗加盟巴黎圣日耳曼的拉斯·迪亚拉说，"在我们所有人看来，他对队友是最慷慨大方的。每当他能帮助某位球员取得进球的时候，他总会送出合适的传

---

① 译注：富兰克林是一部加拿大幼儿动画片中的主人公，一只低龄的拟人小乌龟，而多纳泰罗是忍者神龟组合中最擅长用头脑解决问题的队员，这组对比是在暗讽姆巴佩表现不佳。

球。另外，如果他没有团队精神，今年他可能会多进 10 个球。"

巴黎圣日耳曼本赛季的最后三个月，姆巴佩在法甲联赛中又打进了三个球：一个是对阵梅斯，两个是对阵昂热。此外他还在法国杯对阵卡昂的半决赛中梅开二度（3∶1），并在波尔多举行的与摩纳哥的法国联赛杯决赛中奉献了两次助攻。3 月 31 日在与老东家的比赛中，姆巴佩顶着摩纳哥球迷的嘘声和嘲笑声，帮助迪马利亚和卡瓦尼破门，巴黎以 3∶0 取得完胜。

赛季最后时刻，姆巴佩没有取得进球，但他为球队的付出，帮助巴黎圣日耳曼赢得了首个国内三冠王：他迎来了自己的第一座法国联赛杯冠军，又与队友遥遥领先于摩纳哥和里昂，蝉联了法甲联赛冠军，最后以 2∶0 战胜法丙俱乐部莱塞比耶捧起了法国杯冠军。

在巴黎圣日耳曼的第一个赛季结束了，姆巴佩取得了 21 个进球、16 次助攻和法甲联赛的两连冠，成为法甲联赛中最有前途的年轻球员。对一个前锋来说，能与卡瓦尼和内马尔这样经验丰富的球员一起踢球尤其令人鼓舞，他们通常习惯为进攻搭档也留出一些机会。随着他的声名鹊起，巴黎格雷万蜡像博物馆的大门也向他敞开。"能够来到这里我感到很自豪，我身边这些曾经的偶像、这些激励着社会进步的人，也激励着我，直到现在。"5 月 18 日姆巴佩为自己的蜡像揭幕时说。两年前，C 罗的蜡像也来到了这里。

第十九章　比肩贝利

但是这个赛季还没有结束，还可以锦上添花……"全世界最出色的球员、最伟大的球员都将参加世界杯。这是一个机会，让我们展示出自己能够做到什么，展示出自己的能力，没有比世界杯更好的舞台了。"

姆巴佩意识到自己将在俄罗斯接受挑战，他发现自己在德尚公布的 23 人法国队的大名单之中。他的名字与登贝莱、费基尔、吉鲁、格列兹曼、勒马尔和托万一起出现在前锋之列。名单里没有拉卡泽特，没有科曼和马夏尔，也许更值得注意的是，没有本泽马。

姆巴佩的入选并不让人感到意外。自 10 月份在对阵白俄罗斯的预选赛取得晋级资格后，他为法国队首发出战了 2018 年的每一场友谊赛，每次都发挥了决定性的作用，对阵威尔士、德国和哥伦比亚的比赛中他都送出了助攻，并在 3 月下旬的比赛中打入两球，帮助球队在圣彼得堡以 3：1 战胜了即将是世界杯东道主的俄罗斯队。

"从他第一次被召入国家队以来，在与俄罗斯的比赛中他奉献了最佳表现。"一位法国球迷说，"除了打进的两个球，他还表现出了异常的冷静。这场比赛在人们的脑海中留下了印记，还引出了更衣室出口的一个有趣场景：当他回答媒体问题的时候，吉鲁突然注意到自己身边所有摄像机都转过去了，记者不想错过姆巴佩的回答。吉鲁不太高兴，但你能怎么样呢？事情就是这样的！5月份姆巴佩继续在法国队中释放影响力，飞往俄罗斯之前，他在法国对阵爱尔兰的比赛中助攻，最后一场对美国的热身赛他也有进球。

6月16日，巴黎圣日耳曼前锋姆巴佩开启了世界杯之旅。最终，他将有机会体验到一届完整的世界杯，从最初在邦迪球场开始踢球至今，这个目标一直指引着他前行。在第一场C组小组赛中对阵澳大利亚时，他就对自己的能力充满信心。他顶着喀山体育场的高温首发出场，球衣背后的数字是10号。从3月份起他就被授予了这个号码，把自己的名字加入了法国最伟大球员的序列之中：20世纪80年代的米歇尔·普拉蒂尼，尤其是齐达内——二十年前他是整个国家的英雄，当时法国队历史性的首次加冕世界杯冠军。

虽然他们不被认为是最大的夺冠热门——不像西班牙、巴西和卫冕冠军德国——法国队所背负的期望也很高，主要是因为年轻的前锋们，尤其是奥斯曼·登贝莱和姆巴佩的崭露头角。刚进入比赛第2分钟，姆巴佩就开始了第一次出击。但澳大利亚门将扑出了他的小角度射门，此后他在右路的爆发速度有所下降。世界杯开局不错，但这是他在整个比赛中唯一的机会。就像整个法国队一样，他们陷入了挣扎，最终以2∶1勉强取胜，姆巴佩令人失望。他在进攻方面不够突出，防守也与人们的期望有很大差距。

他的表现还算是差强人意，德尚还不至于让这位巴黎圣日耳曼的明星降格坐到替补席上。五天之后，姆巴佩再次进入了法国队的首发阵容，第二场小组赛是决定性的，他们的对手秘鲁在输给丹麦之后已经没有了退路。在叶卡捷琳堡竞技场，巨大的看台向天空敞开，姆巴佩发挥出了很大作用，没有辜负帕瓦尔对他的支持。帕瓦尔与他同在右路，位于他身后的位置。最终，这位前一年在欧冠中声名鹊起的前摩纳哥球员经过无数次的轻巧触球和带球——虽然并不都很成功但展现了他的努力——使他成为比赛的一部分，为球队提供了解决方案，并且在第 34 分钟取得了进球。吉鲁的射门让秘鲁门将判断错了方向，姆巴佩朝远门柱方向飞奔过来，把皮球踢进了空门。他绝想不到，有朝一日在世界杯上进球竟如此轻而易举。这是他在国家队的第五个进球，帮助法国队以 1：0 获胜，19 岁零 6 个月，他成了法国队历史上最年轻的得分手。比他的同胞齐达内、亨利和特雷泽盖更年轻，与其他传奇人物如迈克尔·欧文、梅西相差不远，还有球王贝利，20 世纪 50 年代他在 17 岁时就完成了进球。

但若想比肩巴西神童贝利，获得与他同样多的赞誉，他还需要等待一段时间。确切地说，等到 6 月 30 日。法国队以 0：0 战平丹麦队后锁定了小组头名，他们准备挑战梅西领军的 2014 年巴西世界杯亚军阿根廷队，后者从 D 组中惊险晋级，排在克罗地亚队之后。法国对阵阿根廷是八分之一决赛的最大看点，而姆巴佩则让它成为了自己表演的舞台。

第 13 分钟，当他在自家球门 30 码外拿到球的时候，脑子里出现了什么？他开始了一次令人难以置信的长途奔袭，过掉了两名球员，让马斯切拉诺孤零零地落在中圈边缘，最后 35 码他加快了速度，面对马科斯·罗霍又一次占了上风，迫使阿根廷后卫罗霍在禁区内对他犯规。天才是无法解释的，只有这个来自邦迪的孩子自己知道是怎么回事。姆巴佩继续发挥他的天赋：正如他在第 64 分钟的作为，帮助球队以 3：2 领先对手，他让皮球从阿根廷门将弗朗哥·阿尔马尼身边蹿进了球门。四分钟后他又卷土重来，凭借右脚送出的无可挑剔的对角线射门，让法国队淘汰阿根廷队晋级。

打进两球并赢得一个点球之后，姆巴佩不仅被评选为法国对阵阿根廷（4：3）的比赛中的最佳球员，也成为了世界杯的标志性人物……远可追溯到弗朗哥·巴雷西，他曾经跟随意大利参加了 1994 年世界杯决赛，其惊艳表现被称为"一个现象"。"姆巴佩就像年轻时的卢克·天行者①，你知道他迟早会接管这个世界。他是一个怪兽！"2010 年跟随西班牙赢得世界杯冠军的阿尔瓦罗·阿韦罗亚预测道。"之前就曾说过，姆巴佩将成为下一位世界足球超级巨星。"英格兰人加里·莱因克尔在推特上评论，他曾是 1986 年世界杯金靴奖得主。不仅如此：曾经在墨西哥与马拉多纳并肩作战的阿根廷人豪尔赫·巴尔达诺忘记了他此前的失望，在《卫报》专栏中称赞这位法国前锋："姆巴佩选择在梅西和 C 罗离开世界杯的时候开始了他的革命……他在足球历史中爆发了，摧垮了面前的一切。从第一分钟开始，他似乎是用风和钢做成的……自从巴西的罗纳尔多之后，我们就没再见过这样精准的速度。"

在比赛开始阶段为格列兹曼获得点球的那次奔袭中，姆巴佩的速度为 37 公里 / 小时。"三十七"也成了他在更衣室的新昵称。但还不止于此：姆巴佩成为了世界杯比赛中"唯二"的取得两个进球的 U20 青年球员。此前，只有球王贝利，曾在 1958 年对阵瑞典队的决赛中取得过这样的成就，这位巴西传奇人物在社交媒体上向法国神童送去赞美："恭喜，姆巴佩。这么年轻就在世界杯上梅开二度，让你加入了传奇的队伍！祝你在其他的比赛中好运。除了巴西！"

贝利的愿望实现了。姆巴佩不需要测试巴西队的防守了，也不需要与巴黎圣日耳曼队友内马尔上演一场兄弟间的死亡对决。四分之一决赛中，法国队以 2∶0 击败了顽强的乌拉圭队，然后在半决赛中与战胜巴西的比利时队相遇，法国队取得了又一场胜利（1∶0）。在这两场打法上相对封闭、偏向

---

① 译注：卢克·天行者是《星球大战》系列电影中的人物，一名本领高强的绝地武士。

于防守的比赛中，姆巴佩没有太出色的表现，甚至因对比利时球员的违反体育道德行为拿到了一张黄牌。尽管如此，他仍然有能力趁对手不备发起防守反击，并在德尚制定的牢固防线中发挥技术性传接球作用。姆巴佩在面对欧洲红魔球员阿扎尔时所用的技巧也得到了广泛赞赏：7 月 10 日在圣彼得堡的比赛中，他用一记精彩的脚后跟传球给到了吉鲁。他再次成为了媒体聚焦的中心："你该如何防守姆巴佩？" 在 BBC 直播的前英格兰后卫里奥·费迪南德问道。"你抬起头，说'请帮帮我！'"这一灵光乍现也得到了充满创意的伟大球员们的称赞，比如 2000 年欧锦赛金靴奖得主荷兰人帕特里克·克鲁伊维特说："姆巴佩的传球真是太精彩了！在这个年纪，他已经展现出了一些最高水平的令人难以置信的特质。"还有活着的"上帝"——迭戈·马拉多纳说："我真的非常喜欢他。对我来说，姆巴佩是本届世界杯中上帝的启示。"

姆巴佩还将接受最后一次考验，所有人对他的看法都将达成一致：2018 年 7 月 15 日在莫斯科卢日尼基体育场举行的决赛。面对的是克罗地亚队，他们刚刚以 2∶1 击败了英格兰队。两支球队挨个儿走上球场的时候，他看起来很平静。毫无疑问，他不会因为赛前音乐奏响或任何情感上的激荡而受到影响。姆巴佩的梦想走进了现实。上半场，来自邦迪的这个男孩很少触球，因为他被克罗地亚的防守球员盯得很紧。莫德里奇和他的队友已经懂得，瘦高的巴黎圣日耳曼球员是法国队的头号进攻威胁。他们是对的，就像来到他身边的那几个球一样，姆巴佩似乎每次都能拿出不同的表现。场面没有脱离德尚的掌控，虽然他们在中场休息时已经以 2∶1 领先，但法国队主帅还是敦促球队更多地依靠 10 号球员姆巴佩，更好地在进攻空间中利用他的能力。效果立竿见影。

第 59 分钟，姆巴佩在底线位置接球，进入禁区，逼得伊万·斯特里尼

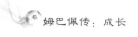

奇手忙脚乱，他成功地将球回传给了格列兹曼，格列兹曼再传给了博格巴。曼联中场博格巴左脚破门，这是他的第二次射门。比分变为 3∶1。

第 65 分钟，卢卡斯·埃尔南德斯跑到边路，横传给到姆巴佩，姆巴佩在距离球门 25 码处的禁区弧顶附近接球。又一次，他有时间控制住球，抬头观察丹尼埃尔·苏巴西奇的位置，面对前摩纳哥队友苏巴西奇用右脚大力射门。球在落入网窝之前弹了一下，4∶1。

六分钟之内，仅仅两次移动，巴黎前锋姆巴佩就杀死了决赛。洛里的错误导致曼朱基奇扳回一城，但比赛结果已经没有了悬念（4-2）。继齐祖那一代球员的二十年之后，法国队再次获得了世界杯冠军。姆巴佩带着四个进球和一座最佳年轻球员奖杯结束了本届世界杯。19 岁时，他已经捧起了大力神杯，实现了儿时的梦想。在卢日尼基球场，来自邦迪的男孩步入了巨大的成功。他没有任何过度兴奋的表现，只在法国电视上带着灿烂的笑容做出最本真的反应，这是一个人的自然反应："夺冠之路很长，但是值得。我们是世界冠军，我们感到非常自豪。我们想让人们开心，我们做到了。我一直说，我要长时间在足球场上效力。"我们甚至可以认为，姆巴佩已经比肩贝利，因为他紧追球王脚步，成为第二位在世界杯决赛中破门的 U20 青年球员。

致 谢

我们要感谢以下人员在回忆与合作方面提供支持：本杰明·阿德勒、阿特马纳·埃罗什、埃里克·阿萨多利安、马库斯·巴克、卢多维奇·巴特利、阿卜杜勒·贝拉比、奥斯瓦尔德·比纳佐、杰拉德·博诺、哈维尔·卡塞雷斯、苏莱曼·卡马拉、欧文·卡多纳、阿兰·卡夫吉利亚、达米安·谢德维尔、蒂莫西·科尼亚、让－皮埃尔·达当特、斯蒂芬·德普马耶、马提亚·德西、雷达·哈马赫尔、玛戈特·杜蒙、帕特里斯·吉拉尔、劳伦·格雷斯、乔瓦尼·格雷齐、伊夫·因维尔尼齐、布鲁诺·伊莱斯、伊德里斯、苏菲·基兰、卡里马、扬·齐塔勒、大卫·莱斯利、奥利维尔·朗伯德、艾莉萨·卢卡夫斯基、皮埃尔·米肖、安迪·米滕、法比安斯基·皮加勒、杰拉德·普雷切尔、埃米尔·里科斯、安东尼奥·里卡尔迪、居伊·里诺、詹姆斯·罗布森、史蒂法纳·罗克、让－瓦伦汀·罗梅罗、纳丁·沙夫、尼古拉斯·苏桑、让－弗朗索瓦·苏涅尔、西奥·苏涅尔、朱利安·索科尔、希尔文·托玛森、迭戈·托雷斯、圭多·瓦西古、哈维尔·比利亚加西亚、塞巴斯蒂安·瓦尼亚、马克·韦斯特洛普、马马杜·亚特。

感谢邓肯·希思、迈克尔·塞尔斯、菲利普·科特罗、劳拉·班尼特、洛尔·莫尔·德欧比涅、罗伯托·多明戈斯。

感谢埃尔维拉、塞利纳、洛伦佐、马蒂厄、奥尔莫和埃丽莎所提供的支持及宝贵意见。

最后，祝亚瑟、朱尔斯、科林、路易斯、汤姆、梅利纳和洛尔读书快乐！